Ingrid Auer & Gerd Schwank

WIE ENGEL WIRKEN

Die im vorliegenden Buch dargestellten Empfehlungen und Methoden sind nach bestem Wissen und Gewissen erklärt. Autoren und Verlag übernehmen daher keinerlei Haftung für Nachteile, die sich eventuell aus dem Gebrauch der in diesem Werk erläuterten Empfehlungen und Methoden ergeben können.

1. Auflage 2008
ISBN 978-3-9502151-8-2
©2008 by Lichtpunkt & Ekonja-Verlag Ingrid Auer GmbH
Wiener Straße 49, A-3300 Amstetten
Ekonja-Verlag im Internet: www.ekonja-verlag.com
Engelessenzen und Engelsymbole: www.engelsymbole.com

Das gesamte Werk ist urheberrechtlich geschützt. Jegliche vom Verlag nicht genehmigte Verwertung ist unzulässig. Dies gilt auch für die Verbreitung durch Film, Funk, Fernsehen, fotomechanische Wiedergabe, Tonträger jeder Art, elektronische Medien sowie für auszugsweisen Nachdruck und Übersetzung.

Umschlaggestaltung, Buchdesign und Satz: www.clemensauer.at
Druck und Bindung: Berger, Horn

ekonjaᵛ

Ingrid Auer & Gerd Schwank

WIE ENGEL WIRKEN

Erfolge und Erfahrungen mit den Engelsymbolen, Engelessenzen und Engelölen

Keine Heilmittel

Dieses Buch enthält Informationen und Erfahrungen mit energetischen und spirituellen Hilfsmitteln aus der Geistigen Welt. Die beschriebenen Methoden und Mittel stehen in keinem direkten Zusammenhang mit schulmedizinischen Erkenntnissen und Ansätzen und möchten auch nicht als solche verstanden werden. Sie sind kein Ersatz für Medikamente, ärztliche oder psychotherapeutische Behandlungen. Hinsichtlich des Inhaltes dieses Werkes geben Interviewpartner, Verlag und Autoren weder indirekte noch direkte Gewährleistung.

Danke

unseren InterviewpartnerInnen für ihre Bereitschaft, ausführlich und offen über ihre Erfahrungen mit den Hilfsmitteln aus der Engelwelt zu berichten

all jenen Menschen, die uns spontan Berichte über ihre Erlebnisse mit Engelsymbolen, Engelessenzen und Engelölen per E-Mail geschickt haben

an Carmen und Petra für ihre engagierte Mitarbeit an der Erstellung dieses Buches und an Clemens für die wunderschöne Gestaltung des Layouts

an alle Engel, Erzengel und Meister, insbesondere an EKONJA mit seiner Engelgruppe für die spirituelle Führung und Begleitung

Inhalt

Ein Wort zuvor - Gerd Schwank	8
Mit Engeln beim Zahnarzt	12
Engel fördern Kinder	21
Mit Engeln im Kindergarten	24
Engel im Kreise der Familie	30
Mit Engeln durch die Schwangerschaft	34
Engel und Kinesiologie	37
Wenn Energien sichtbar werden	43
Engel am Bauernhof	46
Leichter durch den Schulalltag	50
Engel an der Seite einer Ärztin	57
Mit sanfter Kraft ans Ziel	61
Engel muss man nicht beweisen	65
Krankenpflege mit Engelhilfe	74
Engel für alle Lebenslagen	79
Mit viel Gefühl und Engelkraft	84
Engel leisten Wunderbares	88

Engelbotschaften im Internet	95
Physiotherapie und Engelenergien	99
Engel lieben Leichtigkeit	103
Aus der Praxis einer Naturärztin	110
Zuschriften aus Nah und Fern	118
Ein Wort danach - Ingrid Auer	*139*
Glossar	*144*
Kontaktadressen	*150*
Bezugsquellen	*151*
Vorträge, Workshops, Seminare	*152*
Über die Autoren	*153*

Ein Wort zuvor

Die meisten Menschen werden mit Vorsicht und einer gehörigen Portion Skepsis, manche vielleicht gar mit brüsker Ablehnung reagieren, wenn sie das erste Mal von der Energie der Engel hören. Konkrete Vorstellungen lassen sich mit diesem Begriff wohl kaum verbinden, es sei denn, die eine oder andere blasse Erinnerung an Schutzengelgeschichten aus der Kinderzeit.

Auch ich verspürte zunächst große Zweifel, als ich erfuhr, dass Ingrid Auer nach Kinesiologie, Bachblüten und Aura Soma noch einen Schritt weitergegangen war und angeblich direkte Anweisungen aus der Engelwelt empfangen sollte. Ihr überzeugendes Auftreten, ihre feste Entschlossenheit und ihr unerschütterliches Vertrauen beeindruckten mich aber so sehr, dass ich ihr nach einigem Zögern schließlich Mut zusprach, mit voller Kraft ihr neues Lebensziel in Angriff zu nehmen.

Mit Erstaunen beobachtete ich aus nächster Nähe ihre ersten Erfolge, die ihr der grenzenlose Einsatz bescherte. Wahrscheinlich würde ich als geborener Skeptiker Ingrids Werdegang noch heute nicht frei von Misstrauen betrachten, hätte ich nicht selbst durch ein für mich sehr tragisches und einschneidendes Erlebnis einen ganz persönlichen, unglaublichen, aber wunderbaren Zugang zur Geistigen Welt erhalten. Die Verbindung zu Seelen und Engeln erfüllt mich seither mit Freude und tiefer Dankbarkeit und hat mich für Empfindungen weit über die Grenzen des nüchternen Verstandes hinaus geöffnet. Ich habe mittlerweile gelernt, Emotionen von spirituellen Erfahrungen zu unterscheiden.

Ingrid Auer ist beauftragt, die von ihr gechannelten Hilfsmittel aus der Engelwelt möglichst vielen Menschen nahe zu bringen: Durch Vorträge, Seminare, Bücher und mit Hilfe von Energetikern, Ärzten und privaten Anwendern, die von der Wirkung der Symbole, Öle und Essenzen bereits überzeugt sind. Es ist schön mitzuerleben, wie Ingrids Lebenswerk stetig und unaufhaltsam wächst. Fast täglich treffen neue und überraschende Mitteilungen und Erfolgsmeldungen ein. Doch stehen wir erst am Anfang: Das Potenzial der Engelenergien scheint unerschöpflich zu sein.

Die bisher schon zahlreichen Informationen der Anwender haben mich dazu bewogen, mit einer Sammlung an Erfahrungsberichten zu beginnen. Darüber hinaus führte ich noch zwanzig persönliche Interviews, die ein wesentlicher Bestandteil dieses Buches sind. Es erscheint mir wichtig, diese erstaunlichen Ergebnisse einer möglichst breiten Leserschaft zugänglich zu machen.

Alternativärzte, Energetiker und Therapeuten, die mit dem Einsatz dieser Hilfsmittel bereits positive Erfahrungen mit ihren Klienten sammeln konnten, werden in diesem Buch weitere Bestätigungen ihrer Eindrücke und neue Anregungen aus dem Kollegenkreis finden.

Auch all jene privaten Anwender, die die Engelenergien für sich und ihre Familie nützen, finden neue Einsatzmöglichkeiten, Tipps und wertvolle Hinweise, um die Symbole, Öle und Essenzen im Alltag zu verwenden.

Nicht zuletzt hoffe ich jene Lesergruppe anzusprechen, die noch zu sehr im Verstand gefangen ist, um ihren Empfindungen und Gefühlen freien Lauf zu lassen. In diesem Buch finden sich nachweislich reale, handfeste und beweisbare Ergebnisse über die Wirkung feinstofflicher Energien, die der Engelwelt zugeschrieben werden können.

Vor einer missverständlichen Einschätzung der Engelenergien möchte ich allerdings warnen. Ich glaube, es wäre ein Fehler, nun in Euphorie zu verfallen und von den Hilfsmitteln aus der Engelwelt Zauberkräfte zu erwarten, nur weil wir uns darüber wundern, dass für derartige Erfolge noch keine schlüssigen Erklärungen zu finden sind. Bisher haben wir nur erkannt, dass sie wirken, nicht aber wie und warum. Das sollten wir zunächst einmal akzeptieren und darauf vertrauen, dass wir durch eine sehr liebevolle Zuwendung aus der Engelwelt wertvolle Geschenke erhalten haben.

Nach meiner Überzeugung resultieren alle die in diesem Buch beschriebenen Ergebnisse, gleich welche Auswirkungen sie haben mögen, aus einer einzigen Quelle, einer Kraft, die manche Menschen gar nicht, manche aber in Form von Wärme, Kälte, Energieströmen, Licht und anderem mehr, wahrnehmen dürfen. Es ist eine universelle Kraft, die ich mangels eines zutreffenderen Begriffes als „Gottesliebe" umschreiben möchte. Alles, was im Laufe der Menschheitsgeschichte an Wissen und Können, speziell auch in der Medizin, erreicht wurde, steht sicherlich im Einklang mit der Schöpfung.

Es ist ein Prinzip des Menschen, zu suchen, zu forschen, zu finden und zu erkennen. Daher sind auch alle bisher aus der Schulmedizin und aus alternativen Methoden bekannten Mittel und Wege, alle wissenschaftlichen Fortschritte wichtig und wertvoll. Ob und wie sie nun durch Engelenergien ergänzt werden können, wird die Zukunft weisen. Eines scheint mir klar: Diese besonderen Energien wirken nicht direkt auf den physischen Körper, auch nicht auf den Intellekt, sondern im feinstofflichen Bereich und darüber hinaus. Sie können daher, noch bevor Störungen und Krankheiten manifestiert werden, bereits sehr frühzeitig und prophylaktisch eingesetzt werden. Und sind Krankheiten einmal im grobstofflichen Bereich aufgetreten, können sie gelindert oder gänzlich „geheilt" werden, wenn man bis zu den seelischen, feinstofflichen Ursachen zurückgeht. Wir haben an sehr konkreten Fallbeispielen erfahren, dass Engelenergien helfen können, wenn herkömmliche Behandlungsmethoden an ihre Grenzen stoßen.

Meine InterviewpartnerInnen habe ich aus Gründen der Diskretion nur mit dem Vornamen und mit dem Anfangsbuchstaben ihres Zunamens bezeichnet. Trotzdem bürgen sie ausnahmslos für die Authentizität ihrer Angaben. Einige davon haben sich darüber hinaus bereit erklärt, auf Wunsch den LeserInnen für persönliche Gespräche oder Korrespondenz zur Verfügung zu stehen, von ihnen finden Sie im Anhang eine Namens- und Adressliste.

Und wenn Sie, liebe Leserinnen und Leser, nach der Lektüre aller Berichte vielleicht etwas erschöpft aber beeindruckt das Buch zuschlagen werden, vergessen Sie eines nicht: Wir stehen mit unseren Erfahrungen und Erkenntnissen erst am Anfang. Die Geschichte hat eben erst begonnen. Stellen Sie sich darauf ein, dass wir das Meiste noch vor uns haben. Das finde ich spannend und im wörtlichen Sinne aussichtsreich. Die Engelwelt wünscht sich, dass wir spielerisch, neugierig und wissensdurstig ihre Hilfsmittel ausprobieren, testen, mit ihnen experimentieren und schließlich Neues entdecken.

Ich wünsche Ihnen von Herzen, dass auch Sie die Hilfsmittel der Engelwelt mit Dankbarkeit und Vertrauen annehmen können.

Gerd Schwank

Mit Engeln beim Zahnarzt

Hans-Peter B., Jahrgang 1964, aus der Nähe von Krefeld am Niederrhein, ist als selbstständiger Zahnarzt tätig. Seine Kenntnisse aus dem medizinischen Studium hat er im Rahmen von Fortbildungen um Akupunktur, Traditionelle Chinesische Medizin (TCM), Homöopathie, Blütentherapie und Radionik erweitert. Radionik, so erklärt er, befasst sich - einfach umschrieben - mit der Diagnostik und Behandlung des Ätherkörpers, des Energiekörpers.

Mit Engelenergien kam Hans-Peter erstmals über eine Heilpraktikerin, die, so stellte sich später heraus, als Engelmedium und Engeltherapeutin wirkt, in Kontakt. Sie schickte ihm schon eine ganze Zeit lang Patienten zu Störfeldanalysen in Bezug auf Zähne und deren Wechselwirkungen zum Körper in seine Praxis, "fast schon am laufenden Band", ohne dass er wusste, wer sie wirklich war und was ihr „Auftauchen" für ihn bedeuten sollte. Eines Tages erschien sie selbst in der Ordination, fing sofort an, die Gesprächsführung zu übernehmen und begann von sich aus, über Hans-Peters körperliche und seelische Symptome zu sprechen, über alte Verletzungen und deren Hintergründe. Er hörte gespannt zu, obwohl die Rollenverteilung eigentlich hätte umgekehrt sein sollen.

Im Laufe der nächsten drei Jahre entwickelte sich zwischen ihr und ihm eine Zusammenarbeit, die er heute als einen Weg der Erkenntnis und der Öffnung des - uns allen eigenen - besonderen Kanals bezeichnet. Dies alles hatte Auswirkungen auf die Behandlungen in seiner Praxis, auf seine eigene Sicht- und Arbeitsweise. Es führte ihn zu einer ihm völlig neuen Energetik und einem gänzlich neuen Berufsverständnis. Wichtig ist für Hans-Peter die Wechselwirkung zwischen den jeweiligen Zähnen, den ihnen zugeordneten Organen und den damit in Verbindung stehenden Emotionen. Er ist heute der festen Überzeugung, dass Zähne sowohl den augenblicklichen Seelenzustand als auch die Thematik der laufenden Veränderungen im Leben eines Menschen widerspiegeln.

Im Jahr 2006 erfuhr Hans-Peter durch "Zufall" vom 1. Engelkongress in Hamburg. Geprägt durch gewisse, ihm fast schon unglaublich scheinende Informationen, fuhr er voller Neugierde nach Hamburg, ohne zu wissen, was ihn wohl erwarten würde. Er fand sich dort unter mehr als 1000 Frauen und höchstens 100 Männern wieder. Vor der Halle befielen ihn heftige Kopfschmerzen, die sich jedoch bereits im Vorraum des Kongresssaales (wo Weihrauch verbrannt wurde) gleich deutlich besserten. Was würde er hier wohl über Engel erfahren?

Beim Besuch der Ausstellung fiel ihm besonders der Stand von Ingrid Auer auf, an dem er spontan die Symbole und Essenzen einiger Erzengel und anderer Engel kaufte. Er hörte sich alle Vorträge an, und beim Vortrag von Ingrid Auer verspürte er einen Wärmeschauer nach dem anderen. Viele Gedankenblitze und Ideen schossen durch seinen Kopf, wie und was von all dem Gehörten er in seiner Praxis umsetzen wollte und könnte. Ein Hochgefühl erfasste ihn.

An Ingrid Auers Stand versuchte er, sich mit Büchern, Essenzen und Symbolen einzudecken, aber im dichten Gedränge gab es kein Durchkommen. Somit machte er gleich am nächsten Montag eine Bestellung bei Lichtpunkt Deutschland, allerdings wusste er noch nicht ganz genau, wie er was einsetzen und anwenden sollte. In einem einführenden Kurs, den die Leiterin von Lichtpunkt Deutschland abhielt, erwarb er erste Kenntnisse.

Kurze Zeit nach dem Hamburger Kongress flog Hans-Peter zu einem Expertenseminar für Akupunktur nach Madeira, auf dem auch die Grenzbereiche der energetischen Medizin berührt wurden. Zu seiner Überraschung stieß er dort auf einige Lichtarbeiter, unter anderem auf eine aurasichtige Ärztin. Während des Seminars saß er häufig mit einigen dieser Kolleginnen und Kollegen zusammen, denen er spontan über seine mitgebrachten Engelhilfsmittel erzählte. Es entwickelte sich daraus ein "Mini-Engel-Workshop", der über die Grenzen der Schulmedizin hinausreichte, und einige "Schulmediziner" wurden sehr durch die Engel und ihre Symbole berührt und geführt.

Wieder heimgekehrt, beschäftigte sich Hans-Peter mit großer Begeisterung mehr und mehr mit den Hilfsmitteln aus der Engelwelt, besuchte weitere Engelseminare bei Lichtpunkt Deutschland und setzte sein neues Wissen verstärkt in seiner Praxis ein. Immer wieder erlebte er neue und verblüffende Erfolge und Erkenntnisse. Sein ganzes Verständnis von Energetik hatte sich verändert und vermeintliche Grenzen wurden durch die Engelmittel einfach überschritten.

Hans-Peter ist ein einfühlsamer Zahnarzt, wie man ihn sich nur wünschen kann. Es ist ihm ein wichtiges Anliegen, den Patienten die weit verbreitete Angst vor dem Zahnarzt zu nehmen. "Angst blockiert das Herz", meint Hans-Peter, "und Erzengel Chamuel steht für Liebe". Aus diesem Zusammenhang setzt Hans-Peter zu Beginn seiner Behandlungen die Engel-Aura-Essenz „Erzengel Chamuel" ein, womit Angst aufgelöst oder zumindest deutlich reduziert werden kann. Ein probates Mittel, das er immer wieder erfolgreich nutzt.

Jeder von uns weiß genau: Nicht nur Erwachsene sondern vor allem auch Kinder fürchten sich mitunter vor einem Zahnarztbesuch. Der kann von heftigen Emotionen begleitet sein und sogar in Aggressionen umschlagen. Eines Tages hörte Hans-Peter während einer Behandlung lautes Kindergebrüll aus dem Wartebereich, welches nicht aufhören wollte. Er unterbrach die Behandlungssitzung und im Hinausgehen griff er zur Engel-Aura-Essenz „Erzengel Chamuel". Er trat zu dem kleinen wütenden Mädchen Warteraum, begrüßte es und versprühte die Essenz über der Aura des Kindes. Innerhalb weniger Minuten verringerte sich der Geräuschpegel. Als er kurze Zeit später wieder die Tür zum Wartebereich öffnete, umarmte das Kind gerade seine Mutter und die Arzthelferinnen und verhielt sich geradezu überschwänglich herzlich zu den anderen wartenden PatientInnen.

Ein anderer Fall: Eine Frau kam mit ihrer 9jährigen Tochter wegen besonders empfindlicher Frontzähne im Unterkiefer zur Behandlung. Es war eine Laserakupunktur angesetzt und während der Behandlung sprach ihn die Mutter, die in den Armen ihr leicht erkranktes Neugeborenes hielt, an, ob er nicht etwas gegen Daumenlutschen wüsste, denn ihre ältere Tochter würde seit einiger Zeit wieder lutschen. Etwas überrascht über dieses regressive Verhalten erinnerte er sich, dass dies möglicherweise mit einem verschlossenen Herzchakra zu tun haben könnte. Er holte die Engel-Aura-Essenz „Erzengel Chamuel" und versprühte davon etwas im Raum. Nach einigen Tagen kam die Mutter wieder in die Ordination, bat um die Bezeichnung dieses „Sprays" und wollte ihn gleich bestellen, denn ihr Kind war auffallend liebevoll, brav und ausgeglichen geworden und außerdem lutschte es nicht mehr am Daumen. Die Mutter, die von Berufs wegen mit Kindern arbeitet, war selbst sehr überrascht und angetan von der raschen und positiven Wirkung der Engel-Aura-Essenz.

Eines Tages erschien eine etwa 30jährige Frau, eine so genannte „Schmerzpatientin", die seit 13 Jahren nicht mehr beim Zahnarzt gewesen war. Es fehlten bereits einige wichtige Zähne, viele waren kariös zerstört und nun eiterte ein Eckzahn. Vor der notwendigen Wurzelbehandlung hatte sie panische Angst. Hans-Peter sprach beruhigende Worte und griff gleich zu den bewährten Engel-Aura-Essenzen „Erzengel Chamuel" und „Energetische Reinigung". Die Frau beruhigte sich und überstand den Eingriff geradezu in Gelassenheit. Als sie sich verabschiedete, sagte sie im Hinausgehen zu Hans-Peter: „So relaxed war ich noch bei keiner Zahnarztbehandlung". Für ihn eine ungewöhnliche Formulierung nach solch einer Behandlung.

Eines Tages kam eine Reiki-Meisterin zu Hans-Peter in die Praxis. Im Anamnesegespräch wies sie auf ihre Kunststoffallergie hin und wollte deshalb auch keine Kunststoffbecher zum Ausspülen des Mundes verwenden, worauf sie natürlich ein Trinkglas erhielt. Sie demonstrierte - auf Hans-Peters Wunsch - mit Hilfe des kinesiologischen Muskeltests, wie bereits durch die bloße Berührung mit einem Kunststoffbecher ihre Muskelenergie geschwächt wurde. So stark geschwächt, dass sie den Fingerkreis aus Daumen und Zeigefinger nicht mehr zusammen halten konnte. Mit anderen Testverfahren überprüft, bestätigte sich das Problem ebenso deutlich.

Nach der zahnärztlichen Behandlung bat Hans-Peter die Patientin noch einmal, den Kunststoffbecher an sich zu nehmen und den kinesiologischen Test zu wiederholen. Zu ihrer Überraschung zeigten die Muskeln diesmal keine Allergie mehr an. Auch auf Hans-Peters "energetische Allergietests" zeigte die Patientin keine negativen Reaktionen mehr. Was war geschehen?

Hans-Peter hatte - ohne dass sie es sehen konnte - aus den Engel-Kombi-Symbolen No. 10 „Nithael" einen Engelsymbol-Schutzkreis gelegt, in den er den Kunststoffbecher während der Behandlung gestellt hatte. Sie hatte auch nicht sehen können, dass Hans-Peter einen Blind-Versuch gemacht hatte. Allerdings konnte sie mit großem Erstaunen erkennen, dass sie auf Kunststoff nicht mehr allergisch reagierte.

Hans-Peter empfahl ihr zur vollständigen und dauerhaften Auflösung der Allergiemuster das Engel-Kombi-Öl No. 10 „Nithael" und testete kurz aus, wo und wie viele Tropfen sie am Körper zu Hause auftragen sollte. Die Patientin verwendete das Öl über einen längeren Zeitraum hinweg und seither ist die Allergie gegen Kunststoff energetisch nicht mehr nachweisbar. Sie verträgt Kunststoff inzwischen wieder problemlos. An diesem Punkt ist festzuhalten, dass es Hans-Peter sehr wichtig ist, vorhandene, oft unbewusste emotionale Muster des Patienten anzusprechen, damit auch im Unterbewusstsein die Lösungsprozesse in Gang kommen können. Dabei konnte Hans-Peter feststellen, dass in vielen Fällen nur das bloße Vorlesen der einzelnen Hintergrundthemen aus dem Engelsymbolebuch für die Auflösung der Probleme ausreicht.

Eines Tages erschien eine Patientin, deren alte Totalprothesen nicht mehr ordentlich passten, in Hans-Peters Praxis. Es wurde eine Kunststoffunterfütterung durchgeführt und die Prothesen am Nachmittag der Dame wieder eingesetzt. Am nächsten Tag kam die Patientin mit einer starken Schwellung und Stauung im gesamten Gesichtsbereich sowie mit Schmerzen im Kieferbereich. Sofort wurde die Prothese auf Allergie getestet und der Verdacht bestätigte sich: Mittels Radionik löschte Hans-Peter die Schwingung der Prothese und die Dame wurde mit dem Engel-Kombi-Öl No. 10 „Nithael" behandelt. Bereits beim Einsetzen der Prothese empfand die Patientin eine deutlich spürbare positive Veränderung. Innerhalb von drei Tagen war sie beschwerdefrei. Die Tests zeigten keine Reaktion auf Kunststoff mehr an.

Einmal erhielt Hans-Peter den Besuch einer Zahnarzthelferin eines Kollegen in seiner Praxis. Ihr Problem war eine besonders starke Empfindlichkeit gegen das Füllmaterial in ihren Zähnen. Hans-Peter stellte bei ihr auch eine große allgemeine Energielosigkeit fest. Sie reagierte auf alle Materialien mit unterschiedlich großer Heftigkeit allergisch, besonders aber auf Standardzement, das in vielen Zahnarztpraxen in Verwendung ist. Hans-Peter entschloss sich, dieses Material in einen Schutzkreis mit den sieben Engel-Kombi-Symbolen No. 10 „Nithael" zu legen, da er damit schon sehr gute Erfahrungen gemacht hatte. Nach zehn Minuten ließen sich keine allergischen Symptome bei der Patientin mehr feststellen. Hans-Peter brachte daraufhin das energetisch "entstörte" Füllmaterial zum Einsatz und empfahl ihr, noch einige Wochen lang das entsprechende Engel-Kombi-Öl No. 10 anzuwenden. Hans-Peter berichtete in diesem Zusammenhang, dass er mit dieser Vorgehensweise nicht nur dieser Zahnarztassistentin, sondern schon etwa 30 bis 40 Patienten helfen konnte.

Ein besonderer Fall einer Patientin mit starken Reaktionen des zentralen Nervensystems, des Gehirns und einer nachgewiesenen Allergiehäufung in einigen Körperbereichen, ausgelöst durch eine schwere Operation, ist Hans-Peter in besonders deutlicher Erinnerung. Die Frau hatte nach Wurzelbehandlungen mehrere Kronen mit einem bestimmten Füllmaterial erhalten, obwohl sie darauf allergisch reagiert hatte. Die Patientin zeigte energetische Anspannungen, allgemeine Antriebsschwäche, Vergesslichkeit, Mattigkeit und war in ihren alltäglichen Aktivitäten stark eingeschränkt. Hans-Peter erkannte, dass rasche Hilfe von Nöten war. Mittels eines Polarisationsfilters über den Zähnen und den ihnen zugeordneten Organen konnte er eine Störung im energetischen Feld der Patientin nachweisen. Über mehrere Organe hatte sich ein blockierendes Querfeld aufgebaut. Hans-Peter versuchte, durch das Aufbringen der Engelessenz „Erzengel Raphael" auf den Handflächen der Dame die Blockaden zu lösen. Die wenigen Tropfen der Engelessenz lösten alte energetische Blockaden an den Zähnen und Organen. Die Patientin konnte stabilisiert werden und die weiteren Therapieschritte gingen ungestört vonstatten, weil die

Patientin in der Zwischenzeit auch innerlich für die Lösung ihrer Blockaden bereit war.

In seinem Bekanntenkreis erlebte Hans-Peter einen interessanten Anwendungsfall für Engelenergien. Eine Bekannte fragte ihn, ob er nicht Bachblüten oder ähnliche Mittel für ihre zweieinhalbjährige Nichte wisse, damit deren gestörtes Verhältnis zu ihrer Großmutter, welches seit der Geburt des Kindes bestehe, verbessert werden könne. Die Kleine flüchtete geradezu vor jeder Umarmung und jedem Kontakt mit ihrer Oma. Hans-Peter kam der Gedanke, dass die Herzensenergie der Großmutter blockiert sein könnte und dass dies die Enkelin spüren würde. Er empfahl die Engel-Aura-Essenz „Erzengel Chamuel", welche die Bekannte bereits „zufällig" einige Tage zuvor für sich selbst gekauft hatte.

Einige Tage später rief sie an und berichtete Hans-Peter, was geschehen war. Die Engel-Aura-Essenz war einige Male vor dem Zusammentreffen zwischen der Großmutter und ihrer Enkeltochter in der Wohnung versprüht worden. Bei der Begrüßung gab es für alle Anwesenden eine große Überraschung: Das Kind rief zum ersten Mal freudig „Oma" und ließ sich von dieser in die Arme nehmen. Große Glücksgefühle erfassten die Erwachsenen, besonders natürlich die Oma. Alle staunten über die unerwartete Zuwendung und Zuneigung, mit der eine liebevolle Enkel-Oma-Beziehung ihren Anfang nahm. Inzwischen hat sich sogar die Lebenseinstellung der Großmutter verändert, sie wirkt seither fröhlicher, lebensbejahender und offener als zuvor.

Ein aktuelles und interessantes Beispiel stammt von einem Jungen, der mit seiner Mutter wegen einer laufenden kieferorthopädischen Behandlung in Hans-Peters Praxis kam. Der Junge trug nur unregelmäßig seine Zahnspange, "er vergaß sie halt". Hans-Peter ließ sich die Klammer geben und beim Heranführen der Klammer an einen Störpunkt an der Stirn zuckte der Junge mit den Augen, zog den Kopf zurück und beschrieb ein unangenehmes Gefühl an diesem Punkt. Für Hans-Peter ein deutliches Zeichen dafür, dass eine Unverträglichkeit vorlag. Es zeigte sich, dass der Junge unterbewusst deswegen seine Klammer immer wieder "vergessen" hatte, denn sie tat ihm einfach nicht gut.

Mittels eines Polarisationsfilters konnte Hans-Peter die energetische Störung mit einem fast 90 Grad "queren Feld" messen. Das bedeutet eine starke Blockierung im energetischen Feld des Immunsystems. Hans-Peter setzte hier wieder die Engel-Aura-Essenz No. 10 „Nithael" ein und legte die Zahnspange in den Engelsymbolkreis mit den Kombi-Symbolen No. 10. Der Junge zeigte deutlich weniger heftige Reaktionen, doch die Polarisationsmessung zeigte noch einen Rest von ca. 10 Grad Allergie an. Es gab wohl noch einen Grund, der verhinderte, dass die Allergie vollständig gelöscht werden konnte und ihre "Aufgabe" noch nicht ganz erfüllt war. Hans-Peter testete noch weitere Engel-Kombi-Symbole für den Jungen und dessen Blockaden aus. Nach deren Anwendung richtete sich das energetische Feld des jungen Patienten endlich gerade aus. Der Prozess der Klärung läuft zurzeit noch.

Hans-Peter ist den Engeln für ihre Hilfe sehr dankbar und betrachtet die Unterstützung als liebevollen Prozess und Akt unbegrenzter Zuwendung. Nicht nur aus seiner Praxis kann und will er sich die Engelsymbole, -essenzen und -öle nicht mehr wegdenken, er hat die Engelenergien auch in seinen privaten Alltag miteinbezogen.

Engel fördern Kinder

Maria L., Jahrgang 1973, aus Wien, ist Sozialpädagogin und Sondererzieherin aus Leidenschaft mit viel Liebe zu Kindern. Seit über zehn Jahren ist sie im Integrationsbereich tätig und betreut gemeinsam mit ihren Kolleginnen Kinder im Alter zwischen sechs und vierzehn Jahren. Ihr Ziel ist es, durch Zusammenleben, Lernen und Spielen das gegenseitige Verständnis, die Toleranz und die Integration zwischen „gesunden" und „behinderten" Kindern zu fördern, sowie sie auf dem Weg in eine weitestmögliche, persönliche Selbständigkeit zu begleiten. Neben individuellen pädagogischen Fördermaßnahmen verlangt dies von Maria sowohl ihr volles persönliches Engagement und viel Empathie, als auch die Fähigkeit zu vermitteln sowie große Kommunikationsfähigkeit.

Als gläubige und dennoch spirituell aufgeschlossene Frau entwickelte sie schon seit ihrer Kindheit großes Interesse an Engeln. Durch Freunde fand sie, wohl nicht ganz zufällig, einen persönlichen Kontakt zu Ingrid Auer und deren Hilfsmittel aus der Engelwelt. Von den Engelsymbol-Karten, die ihr nicht nur von der äußeren Gestaltung her besonders gut gefielen, fühlte sie sich sehr angesprochen und setzt sie seither immer wieder in ihrem Alltag als Behelfe ein, um sich aktuelle, persönliche Lebensthemen bewusst vor Augen führen zu können. Sie interessierte sich auch sehr für die Bücher „Heilende Engelsymbole", „Engelsymbole für Kinder" und als werdende Mutter besonders für das Schwangerschaftsbuch „Engel begleiten durch Schwangerschaft, Geburt und die Zeit danach". Sie begann mit den Symbolkarten Schutzkreise zu legen, um auf diese Weise für anfallende Themen und Probleme im eigenen familiären Bereich Hilfe aus der Engelwelt zu erbitten.

Auf konkrete Erfolge in ihrem Beruf angesprochen, berichtet sie über zwei ganz auffällige Effekte, die sie und ihre Arbeitskolleginnen immer wieder feststellen und erleben können: Zwei ganz bestimmte Engel-Aura-Essenzen entfalten eine sehr zuverlässige Wirkung. Die Engel-Aura-Essenz für Kinder „Hariel", trägt rasch dazu bei, dass gerade sehr aufgebrachte, nervöse Kinder rasch ruhiger und entspannter werden und sich leichter den gestellten Anforderungen, Spielen, verschiedensten Tätigkeiten oder auch nur dem Zuhören bei der Erzählung von Geschichten oder Phantasiereisen zuwenden können.

Auch die Engel-Aura-Essenz „Korathel", für die Konzentration auf das Wesentliche, verfehlt ihre positive Wirkung nie. Mit ihrer Hilfe ist es den Kindern sichtlich und spürbar leichter möglich, ihre Schulaufgaben zügiger, konzentrierter und weniger fehlerhaft zu erledigen.

Besonderen Wert legt Maria auf die Anmerkung, dass ihre Schützlinge nicht generell von ihr mit den Engel-Aura-Essenzen „beglückt", sondern dass diese nur auf ganz freiwilliger Basis angeboten werden. Offensichtlich nehmen die Kinder ihre Bedürfnisse selbst sehr gut wahr und kommen mit dem Wunsch nach einer Aura-Essenz von sich aus auf die Pädagogin zu. Bezeichnend ist, dass die Kinder intuitiv stets nach jener Essenz greifen, die ihnen in der jeweiligen Situation besonders gut tut. Von jener Sensibilität des Selbstempfindens sind gerade auch „Kinder mit besonderen Bedürfnissen", also behinderte Kinder, keineswegs ausgeschlossen. Auch sie treffen bei ihrer Wahl mit großer Sicherheit die für sie passende Essenz.

Ihre Kolleginnen, die anfangs den Engel-Aura-Essenzen mehr oder weniger zurückhaltend und skeptisch gegenüber standen, die Mittel teilweise auch anfangs milde belächelten, sind heute davon überzeugt und arbeiten mit Freude damit, da sie tagtäglich die Erfolge der Kinder miterleben. Diese scheinen, ohne dass irgendeine Überredungskunst oder Erziehungsarbeit nötig gewesen wäre, von sich aus eine latente, grundsätzliche Bereitschaft für Engel, Symbole und Engel-Aura-Essenzen in sich zu entwickeln, und empfinden den Umgang damit wohltuend und als die natürlichste Sache der Welt. Diese Haltung stellte Maria immer auch dann fest, wenn sie die „Engelsymbole für Kinder" spielerisch, hauptsächlich bei Entspannungsübungen, einsetzte. Zudem fiel ihr auf, dass gerade Kinder von Migranten mit einer religiösen Zuwendung zum Islam außerordentlich stark für Engel und deren Wirken aufgeschlossen sind. Es könnte sein, dass den Hilfsmitteln sogar eine besonders stark verbindende integrative Kraft innewohnt.

Mit Engeln im Kindergarten

Maria H., Jahrgang 1973, aus Wien, hat zwar die Matura der Höheren Technischen Lehranstalt, Fachrichtung Hoch- und Tiefbau, absolviert, fühlt sich aber nicht als geborene Technikerin, sondern ihre Liebe gilt der Arbeit und der Beschäftigung mit Kindern. Gleich nach der Matura belegte sie daher das Kolleg für Kindergartenpädagogik und arbeitete ausschließlich, unterbrochen nur durch eine Karenz, in verschiedenen Kindergärten in Wien.

Marias Zugang zur Engelwelt gestaltete sich recht unglücklich. Nach der Entbindung versuchte sie ein Jahr lang erfolglos, ihre Rücken- und Beinschmerzen mit ärztlicher Hilfe in den Griff zu bekommen. Ihre Vorgesetzte riet ihr schließlich, eine ihr persönlich bekannte Alternativtherapeutin aufzusuchen. Rasch erkannte diese, dass ein Kreuzstich im Zuge der Entbindung und die in diesem Zusammenhang verabreichten Medikamente die Wurzel allen Übels waren.

Die Therapeutin legte nun unter Marias Rücken im Schmerzbereich eines der Engel-Kombi-Symbole No. 11 „Lunael", das bei Problemen mit Viren und Bakterien energetisch eingesetzt wird, auf und legte um ihren Körper herum einen Schutzkreis mit einigen Engelsymbolen aus der Serie 1 - 49, die sie zuvor mit dem Pendel ausgewählt hatte.

Schon kurz danach empfand Maria ein seltsam ziehendes Gefühl in ihrem Rücken, das bis zum folgenden Tag anhielt, und für das sie keine Erklärung fand. Dann ließen die Schmerzen nach und als Maria sich zum zweiten Besuch bei der Therapeutin einfand, konnte sie ihr freudestrahlend berichten, nach langem endlich wieder beschwerdefrei zu sein. Abschließend, etwa sechs Wochen später, besuchte Maria die Therapeutin ein drittes und letztes Mal, wobei diese nun das Hintergrundthema ihrer Schmerzen feststellen konnte: Es war die Mehrfachbelastung durch Haushalt, Kind und Beruf. Maria hat ein ausgeprägtes Verantwortungsgefühl und stellt hohe Anforderungen an sich selbst, sodass sie ihren Körper und ihre Seele oft zu sehr unter Druck setzte. Deshalb schlug auch ihr Körper mit Schmerzen Alarm. Als dieses Thema aufgearbeitet war, kehrten die Schmerzen nicht wieder zurück.

Durch dieses persönliche Erlebnis erwachte Marias großes Interesse an den Energien aus der Engelwelt, sie besorgte sich ein Buch von Ingrid Auer, wandte sich dann aber wieder mehr ihrem Alltag, ihrer Familie und ihrem Beruf zu.

Zwei Jahre später ereignete sich ein schwerer Verkehrsunfall, bei dem Maria und ihr Mann erheblich verletzt wurden. Lediglich ihr kleiner Sohn blieb im Fond des Autos unversehrt. An ihren einwöchigen Spitalsaufenthalt schloss sich noch ein dreimonatiger Krankenstand an. Als sie heimkam, erinnerte sich Maria an eine kleine Begebenheit mit ihrem Kind. Der Bub hatte ihr durch sein ungewöhnliches Verhalten schon öfters Gedanken bereitet. Er schien ängstlicher, empfindlicher, sensibler und auch mitfühlender zu sein, als das seinem Alter entsprach. Er litt häufig unter Einschlafproblemen, die aber nichts mit dem Bedürfnis nach vermehrter Zuwendung durch die Mutter zu tun hatten.

Er litt auch nicht unter übertriebenen Phantastereien, denn durch die intensive Beschäftigung mit dem Kleinen und seinen Erzählungen erkannte Maria nach und nach, dass er Seelen und Engel wahrnehmen konnte. Seine wiederholten, zwar kindlichen aber sehr detaillierten Angaben, seine Dialoge mit und über diese Wesen, seine Schilderungen über seine Eindrücke und Erlebnisse, konnten keinen anderen Schluss zulassen. Und im Zuge dieser Vorgänge erinnerte sich Maria, dass ihr Sohn zwei Wochen vor dem Verkehrsunfall ihr genau den Hergang des Aufpralls und die Verletzungen seiner Eltern in allen Einzelheiten beschrieben hatte, eine Fähigkeit des Vorhersehens, die keinesfalls bloß der kindlichen Phantasie zugeschrieben werden konnte.

Aus all diesen gewonnenen Erfahrungen entwickelte sich in Maria nun wieder das starke Bedürfnis, sich mit der Engelwelt doch mehr als bisher auseinanderzusetzen. Sie erkannte es als ihre persönliche Aufgabe, anderen Menschen den Kontakt mit Engeln zu eröffnen, obwohl der Umgang mit Erwachsenen ihr Leben lang eher von Unsicherheit und Unbehagen begleitet war, weshalb sie sich lieber und mit großem Eifer der Erziehung von Kindern zuwandte.

Maria besuchte die Ausbildungsseminare bei Ingrid Auer und fand Möglichkeiten, wie Menschen mit Engeln in Verbindung treten können, ohne erst durch schwere Schicksalsschläge auf diesen Weg gewiesen zu werden. Seither kann Maria auch offen und ohne innere Vorbehalte auf andere zugehen und spürbar leichter und ungezwungener Konversation führen.

Aus den eigenen Erlebnissen heraus beschloss Maria, nicht nur in ihrer Familie, sondern auch im Beruf Engelenergien für die ihr anvertrauten Kinder einzusetzen. Ein konkreter Anlass war der dringende Wunsch der Eltern, ihre Kinder mögen während ihres täglichen Aufenthaltes im Kindergarten mehr als bisher trinken. Wie sollte sie die Kleinen dazu motivieren?

Maria beschaffte sich mehrere Packungen von den „Engelsymbolen für Kinder 1 - 21" und bot sie den Kindern spielerisch an. Mit großer Freude konnten die Kinder nun täglich die für sie spontan „richtigen" Karten auswählen, die dann unter den Trinkgläsern platziert wurden. Obwohl der Inhalt nach wie vor nur Leitungswasser war, meinten alle Kinder, dass nun das Wasser besser schmecke. Seitdem ist das Trinken bei den Kindergartenkindern keine ungeliebte Prozedur mehr, sondern ein spielerisch fröhlicher, täglich aufs Neue spannender Vorgang. Die Eltern zeigten sich mit dem Ergebnis hoch zufrieden und seitdem arbeitet bereits sogar der eine oder andere Elternteil selbst mit den Engelsymbolen zu Hause.

Nach einiger Zeit besuchte auch Marias kleiner Sohn zusammen mit seiner Mutter den Kindergarten. Seine besonderen Fähigkeiten und seine ungewöhnliche Sensibilität aus der Kleinkindzeit waren ihm erhalten geblieben und wuchsen sogar noch mit ihm mit. Immer, wenn er bei seinen Spielgefährten Probleme, Schmerzen, Sorgen und sonstige Nöte erkannt hatte, suchte er eigenständig aus dem Kartenset die ihm passend erscheinenden Symbole aus und gab sie den Spielgefährten in die Hand oder steckte sie ihnen in ihre Tasche. Es war erstaunlich für die Kindergärtnerin zu beobachten, wie die Wehwehchen, schlechten Launen oder Ängste der Kinder schlagartig verschwanden, ohne dass sie dafür eine plausible Erklärung fand.

Maria beobachtete all diese Vorgänge genau und kam durch Versuche dahinter, dass besonders das Engel-Kombi-Öl Nr. 3 „Hariel", das „Engel-Notfallsöl für Kinder", eine gute Wirkung zeigte. Die Kleinen erkennen offenbar ganz spontan und unbeeinflusst, dass ihnen dieses Öl sehr gut tut. Im Laufe der Zeit hat es sich im Kindergarten eingebürgert, dass die Kinder selbstständig vom Notfallsöl nehmen und sich selbst damit einmassieren dürfen, wenn sie sich nicht wohl fühlen oder Schmerzen haben. In besonderen Fällen reagieren sogar hyperaktive Kinder, die ansonsten keine körperliche Annäherung dulden, auf das Öl sehr positiv und beruhigen sich rasch.

Zweifellos blieben Marias Sohn dessen besondere mediale Fähigkeiten erhalten: Bei Menschen, die ihm nahe kommen, kann er die Aura sehen. Obwohl er noch so jung ist, erkannte er bereits, dass seine Lebensaufgabe darin besteht, anderen Menschen zu helfen. Auf eine besondere Nähe zu Erzengel Michael deuten die blauen Strahlen hin, die er immer wieder wahrnimmt. „Man muss nur abschalten, woran man gerade denkt, dann kann jeder die Engel sehen oder hören", ist seine Überzeugung.

Als eines Tages seine gehbehinderte Großmutter aus dem Rollstuhl kippte, holte der kleine Mann augenblicklich ein Engel-Notfallsöl, massierte ihr damit den Kopf und legte seine Hand auf ihren Rücken: Binnen kurzem war die Oma wieder schmerzfrei. Das erstaunliche Kind verwendet selbstständig immer wieder zwei Engelsymbole: Das Kindersymbol No. 17 „Engel Goriel" (Engel-Botschaft: „Du bist geborgen") und das Symbol von „Erzengel Michael".

Bereits monatelang vor seinem Schuleintritt wehrte sich Marias Sohn gegen dieses Ereignis und lehnte es strikt und mit erstaunlicher Vehemenz ab. Maria las ihm auf seinen eigenen Wunsch hin jeden Abend eine bestimmte Geschichte aus dem Buch „Engelsymbole für Kinder" von Ingrid Auer vor. Es war jeden Tag dieselbe: „Lauras erster Tag in der neuen Schule." Er hörte sie immer und immer wieder und hielt dabei fest das Kinder-Engelsymbol, von dem die Geschichte erzählt, in der Hand, bis seine Angst schwächer wurde und schließlich völlig verschwand.

Die guten Erfolge, die Maria erzielte, blieben freilich auch ihren Kolleginnen nicht verborgen. So kommt es immer häufiger vor, dass die Kindergärtnerinnen gerne die Engel-Aura-Essenz „Engel Hariel" zur Reinigung der Räume einsetzen, da die Atmosphäre spürbar angenehmer und von Kindern wie von Erwachsenen als wohltuend empfunden wird. Obwohl sich die Arbeitskolleginnen Marias nicht offen über Engelenergien äußern wollen, verwenden sie doch hin und wieder sogar die Kinder-Engelsymbole zur eigenen Stärkung nach einem anstrengenden Arbeitstag.

Seit einiger Zeit setzt Maria im Kindergarten die „Engelsymbol-Karten 1 - 49" konsequent ein. Sie hat festgestellt, dass ohne ihr besonderes Zutun ihre Kolleginnen auch gerne die Karten benützen. Sogar die Aushilfskräfte, die nach ihrer Ausbildung ihr freiwilliges soziales Jahr im Kindergarten leisten, wurden hellhörig und fanden in zunehmendem Maße Interesse an den Hilfsmitteln aus der Engelwelt. Maria beobachtet genau, wie sich diese Energien, still und ohne großes Aufsehen, ohne sie zu propagieren, verbreiten und mit ihren guten Effekten immer mehr Menschen erreichen. Sie weiß noch nicht, wo sie ihr Lebensweg hinführen wird. Maria kann sich neben ihrem Beruf im Kindergarten auch eine Karriere als Energetikerin vorstellen.

Engel im Kreise der Familie

Marita K., Jahrgang 1953, aus Kirchberg in der Schweiz, ist Hausfrau und Mutter zweier bereits erwachsener Söhne. Mit der Engelwelt hatte sie seit ihrer Schulzeit und ihrer katholisch geprägten Kindheit eigentlich schon lange nichts mehr zu tun.

Eines Tages, anlässlich eines Besuches im Geschenkartikelgeschäft ihrer Freundin, stach ihr Ingrid Auers Buch „Heilende Engelsymbole" mit den dazugehörigen Karten ins Auge. Sie erwarb das Buch, fand großen Gefallen am Inhalt und meldete sich zum nächstmöglichen Seminar von Ingrid an. Die Teilnahme erfüllte sie mit Freude, mit Faszination und einem bisher unbekannten, unbeschreiblichen Glücksgefühl. Daher entschloss sie sich, mit den Karten ab sofort täglich zu arbeiten.

Ihr Mann und ihre Söhne standen den neuen Interessen Maritas eher skeptisch gegenüber. Als sie zudem nach einiger Zeit an einem Engel-Sommercamp mit Ingrid Auer teilnehmen wollte, verstärkte sich deren Misstrauen. Ihre Familie befürchtete, Marita würde vielleicht gar in die Fänge einer Sekte geraten und leistete kräftig Widerstand. Marita konnte sich aber schließlich doch durchsetzen und beschenkte nach ihrer Rückkehr „ihre drei Männer" mit Persönlichen Symbolen.

Der ältere der beiden Söhne lehnte das „verdächtige Treiben" seiner Mutter kategorisch ab. Er begann gerade in der Westschweiz ein Studium, fühlte sich aber nach einiger Zeit mit seiner Entscheidung nicht mehr glücklich. Marita bot ihm Unterstützung aus der Engelwelt an. Sie gab ihm die Engel-Aura-Essenzen „Energetische Reinigung" und „Energetische Abgrenzung" und legte für ihn einen Schutzkreis mit Engelsymbolen. Kurz danach beschloss ihr Sohn ein anderes Studium zu beginnen, kehrte wieder heim und fühlt sich nun mit seiner Entscheidung wohl.

Maritas Mann, der den Engelenergien gar nichts abgewinnen mochte, geriet eines Tages in schwere berufliche Bedrängnis. In dieser sorgenvollen Zeit öffnete er sich mehr und mehr und war bereit, die Hilfe der Engel anzunehmen. Er besprühte sich täglich mit den Engel-Aura-Essenzen „Energetische Abgrenzung", „Energetische Reinigung" und „Erzengel Michael", um neue Kraft zu schöpfen. Mit vollem Einsatz nahm er die Probleme in der Firma, in der er als leitender Mitarbeiter beschäftigt war, in Angriff und nach einem harten Jahr hatte er das Ruder tatsächlich herumgerissen.

Marita bezieht die Engel als ganz private Anwenderin in erster Linie bei Problemen im engsten Familienkreis als Helfer ein. Gerne stellt sie ihre Möglichkeiten aber auch in ihrem Bekannten- und Freundeskreis zur Verfügung, wenn sie darum gebeten wird.

Eines Tages erkrankte Maritas Schwester an Brustkrebs und wurde schulmedizinisch entsprechend behandelt. Als eine Chemotherapie nötig wurde, gab ihr Marita ein Engel-Kombi-Symbol, das die Patientin am Körper tragen sollte. Zusätzlich durfte sie im Spital mit dem Einverständnis des Arztes das nötige Medikament, bevor es zum Einsatz kam, auf das Engelsymbol No. 4 „Engel für Reinheit und Klarheit" legen. Zusätzlich legte ihr Marita das Engelsymbol „Erzengel Raphael" unter das Kopfkissen. Nach der Chemotherapie litt sie kaum mehr an der sonst so gefürchteten Übelkeit.

Nach der Operation wurde eine Bestrahlungstherapie durchgeführt. Marita gab ihrer Schwester die Engel-Aura-Essenz und ein Engel-

Kombi-Symbol No. 37 „Sonael": Zum Erstaunen der Mediziner erlitt die Patientin nach den Behandlungen keine der sonst üblichen Verbrennungen auf den behandelten Hautflächen.

Um während des anstrengenden Spitalaufenthaltes halbwegs ruhig schlafen zu können, verordneten die behandelnden Ärzte ein Schlafmittel. Marita brachte ihrer Schwester die Meditations-CD von Ingrid Auer mit den Meditationen von „Erzengel Raphael" ins Krankenhaus. Siehe da, sie konnte ruhig, auch ohne Zuhilfenahme von Medikamenten, ein- und durchschlafen. Als ihre Schwester schließlich das Krankenhaus verlassen durfte, gab sie die Meditations-CD an ihre Bettnachbarin weiter, die besonders arg unter Schlafstörungen litt. Auch diese Frau konnte mit Hilfe dieser CD - ebenfalls ohne Schlafmittel - ihre Nachtruhe finden.

Bei Maritas Neffen stellte man anlässlich seines Schuleintrittes Legasthenie fest. Die Lehrer beurteilten sein Weiterkommen mit großer Skepsis. Marita wollte helfen und empfahl ihm, mit den „Engelsymbolkarten 1 - 49" täglich zu arbeiten. Der Knabe wurde zusehends ruhiger und sicherer, selbst das Klassenklima verbesserte sich für Lehrer und Mitschüler ab diesem Zeitpunkt spürbar. Mittlerweile hat der junge Mann nicht nur die Leseschwäche in den Griff bekommen, sondern sogar die Matura erfolgreich bestanden. Trotzdem ist das Lesen nicht zu seiner großen Leidenschaft geworden, deshalb hat er sich entschlossen, Mathematik zu studieren.

Der Ehemann von Maritas Schwester ist als Geologe im universitären Bereich wissenschaftlich und lehrend tätig. Da er stets gewohnt war, an sich und andere höchste Ansprüche zu stellen, litt er im Laufe seiner Berufslebens zunehmend unter einem Burn-out-Syndrom und fühlte sich immer, wenn er abends heimkam, matt und erschöpft. Als Wissenschaftler stand er Maritas Hilfsangebot mit Engelenergien sehr kritisch gegenüber. Nach längerem Zögern nahm er auf Drängen seiner Frau schließlich „versuchsweise" täglich die Engel-Aura-Essenzen „Energetische Reinigung", „Energetische Abgrenzung" sowie „Erzengel Michael". Zwar glaubt er nach wie vor nicht an die Hilfe der Engel, doch kommt er, seitdem er die Engel-Aura-Essenzen verwendet, mit dem täglichen Stress wieder deutlich besser zurecht und fühlt sich insgesamt wieder wohl in seinem Beruf.

Mit Engeln durch die Schwangerschaft

Sabina W., Jahrgang 1957, aus Bad Ischl, hat sich nach ihrer Ausbildung zur Hebamme und nach einer fünfzehnjährigen Tätigkeit in einem Krankenhaus selbstständig gemacht, weil sie sich nach mehr beruflichem Freiraum und Unabhängigkeit sehnte. Heute steht sie nicht nur als eigenverantwortliche Hebamme für Hausgeburten buchstäblich Tag und Nacht bereit, sondern bietet zusätzlich Craniosakral-Therapie, Yogakurse und Lebensberatung für werdende Mütter in ihrer Praxis an.

Sabinas Zugang zur Spiritualität wurzelt in ihrer frühen Kindheit, in ihrem religiösen Elternhaus, für das die Existenz von Engeln nie in Frage stand. Als zwei weitere wichtige Stationen auf ihrem Lebensweg beschrieb sie ein richtungsweisendes Channeling und eine Nahtoderfahrung anlässlich der Entbindung ihres dritten Kindes, die ihr die Grenzen des irdischen Seins, den Übergang und die Fortsetzung des Seelenlebens über das so genannte Ende deutlich machte.

Der erste Kontakt mit den Hilfsmitteln aus der Engelwelt erfolgte durch die Begegnung mit einer werdenden Mutter, die ihr zeigte, wie sie mit Ingrid Auers Engelsymbol-Karten gerne und erfolgreich arbeitete. Sabina empfindet es noch heute sehr eigenartig, dass die Hinweise gerade von einer Frau kamen, die als akademisch ausgebildete Statistikerin von Berufs wegen eher einem rationalen, verstandesorientierten Weltbild, nicht aber der „Esoterik" im weitesten Sinn zuzuordnen ist. Sabina unternahm also selbst die ersten Versuche mit den Engelsymbol-Karten und fühlte sich davon gleich dermaßen stark angesprochen, dass sie die Engelsymbole samt dem dazugehörigen Buch erwarb. Seither beschäftigt sie sich täglich damit, hat selbst ein Persönliches Engelsymbol in Verwendung und bezieht die Engelenergien in ihren Familienkreis und in ihren Beruf intensiv mit ein.

Wie in so vielen anderen Familien auch, steht Sabinas Ehemann dem Tun seiner Frau etwas vorsichtig und zurückhaltend gegenüber. Abwartend, nicht ablehnend, denn die energetische Reinigung von Räumen mit Hilfe von Engel-Aura-Essenzen scheint ihm selbst recht wohl zu tun. Sabinas Töchter, eine Architektin und eine Juristin, haben bisher einige der Hilfsmittel hauptsächlich vor Prüfungen und gegen unangenehme Träume mit Erfolg für sich genützt und verwenden die Engel-Aura-Essenz „Energetische Reinigung" sowie einige Engel-Kombi-Öle häufig. Ihr Sohn, nach seiner Schulzeit gerade im Präsenzdienst, verhält sich aber eher reserviert, was verständlich ist, solange ihn keine gravierenden Probleme bedrücken.

Sabina zieht täglich für sich selbst, aber auch für die Schwangeren, die sie betreut, Engelsymbol-Karten. Für die tägliche energetische Reinigung der Wohn- und Arbeitsräume verwendet sie die Engel-Aura-Essenzen „Energetische Reinigung", ihr „Lieblingsspray" aber ist der von „Erzengel Jophiel". Fallweise nimmt sie auch die Engel-Aura-Essenz „Erzengel Michael". Nach ihren Erfahrungen bieten die Meditationen für persönliche Klarheit und gute Geburten zusätzliche Hilfe.

Immer wieder kann sie feststellen, dass bereits bei den Erstgesprächen mit Schwangeren die Engel zunehmend an Bedeutung gewinnen. Die meisten der werdenden Mütter bringen schon ein

Wissen über Engel mit und freuen sich über den Begleitschutz, den sie genießen dürfen.

Physisch und psychisch unterstützt Sabina ihre Klientinnen auch mit Yoga-Übungen. Eine zusätzlich positive Wirkung geht von den Engel-Kombi-Symbolen, Engel-Kombi-Ölen sowie von den Engel-Aura-Essenzen für Schwangerschaft und Geburt auf die werdenden Mütter über. Auch gemeinsame Gebete für einen guten Geburtsverlauf wirken kräftigend und machen Mut.

Sabina hat im Laufe ihrer Tätigkeit ein Gespür entwickelt, ob eine bevorstehende Geburt normal und ohne Komplikationen verlaufen wird. Auch den konkreten Termin kann sie erfühlen, um stets zeitgerecht das Wohnhaus der Entbindenden aufzusuchen. Wohltuend hat sich erwiesen, im Raum, in dem die Geburt stattfinden soll, eine Kerze anzuzünden: Eine sehr friedvolle Stimmung, eine gute Atmosphäre verbreitet sich, die belastende Situation und die gespannten Erwartungen beruhigen sich, ein Gefühl von Schutz und Sicherheit mit Hilfe der Engel wird spürbar.

Die Engelenergien, die während des Geburtsvorganges wirken, halten darüber hinaus noch länger an. Selbst bei nachgeburtlichen Vorgängen verhindern die Engelkräfte Blutungen und ähnliche unliebsame Begleitumstände.

Sabina steht mit vielen ihrer Klientinnen auch nach der Entbindung noch in sehr persönlicher, enger Verbindung. So weiß sie zu berichten, dass sogenannten „Schreibabys" mit Engel-Kombi-Ölen und Engel-Aura-Essenzen sehr geholfen werden kann, um im irdischen Leben gut anzukommen und sich einzuleben. Die Kinder beruhigen sich rasch und können sich problemlos erden.

Mit Freude und Genugtuung kann Sabina behaupten, dass bisher alle Entbindungen ausnahmslos gut und erfolgreich verlaufen sind, was sie mit Sicherheit und Zuversicht für ihre weitere Tätigkeit erfüllt.

Engel und Kinesiologie

Lutz M., Jahrgang 1959, aus Ried im Innkreis, ist schon viele Jahre als Kinesiologe und Energetiker tätig, in letzter Zeit auch als Seminarleiter. Seine Schulbildung und seine berufliche Entwicklung geben ganz und gar keinen Hinweis auf seine jetzige Berufung, seine Leidenschaft, die ihn heute dazu beflügelt, Hilfe suchenden Mitmenschen mit all seinen Möglichkeiten beizustehen. Nach der Matura an der Höheren Technischen Lehranstalt, Fachrichtung Maschinenbau, wandte er sich dem betriebswirtschaftlichen Studium zu, wechselte aber sehr bald in die IT-Branche, in der er hauptberuflich in verschiedenen leitenden Positionen tätig war, zuletzt als Leiter für Qualitätssicherung und Support für eine ERP-Software. Logisches Denken und Analysieren bezeichnet er selbst als persönliche Stärken.

Nichts deutete auf eine besondere Ausrichtung zur Spiritualität hin, abgesehen von einem gewissen jugendlichen Interesse für Parapsychologie, wenn da nicht eine einschneidende Krankheit aufgetreten wäre: Im Alter von 25 Jahren machte ihm ein heftiges Asthmaleiden zunehmend zu schaffen. Gerade diese Belastung wurde zum Schlüsselerlebnis für eine neue Wendung in seinem Leben. Der kopflastige Verstandesmensch, der den messbaren Wissenschaften zugeneigt war, fand seinen Zugang zur Spiritualität.

Seine damalige Lebensgefährtin war bemüht, ihm bei der Bewältigung seines Asthmas zu helfen. Sie brachte ihn mit der Kinesiologie und auch mit feinstofflichen Heilmethoden, wie beispielsweise mit dem altindischen Vedic Healing, in Berührung. Als Musiker erkannte er im Chanten - spirituelle Praxis durch melodisches Rezitieren von vedischen Mantren - sofort eine energetische Wirkung und die grundsätzliche Möglichkeit, mit der Musik den seelischen Bereich im Menschen anzusprechen. Besonders beeindruckte ihn, dass mit den Schwingungen von Tönen, zum Beispiel mit Stimmgabeln, sogar psychische Blockaden zu lösen sind.

Als besonders wichtig und wirkungsvoll erkannte er den energetischen Ausgleich von Chakren und der Aura im feinstofflichen Bereich und sieht grundsätzlich die Ansätze zu jeglichen Problemlösungen im ganzheitlichen Vorgehen.

Neben seinem Beruf befasste sich Lutz nun eingehend mit seiner Ausbildung zum Kinesiologen, erlernte verschiedene Behandlungsmethoden und erwarb Kenntnisse über Anatomie, Akupunktur und die feinstofflichen Heilmethoden „Pranic Healing" und „Prana Vita". Seit September 2007 unterrichtet er als Lehrer „Prana Vita".

Auch der Zugang zur Engelwelt gestaltete sich für Lutz ziemlich dramatisch. Im Zuge der Trennung von seiner langjährigen Lebensbegleiterin erhielt er von ihr zum Abschied das Set der „Engelsymbol-Karten 1 - 49" mit dem dazugehörenden Buch von Ingrid Auer, in dem die jeweiligen Hintergrundthemen zu den einzelnen Symbolen ausführlich beschrieben sind. In dieser kritischen Lebensphase, die von depressiven Störungen begleitet war, fand er durch diese Karten immer wieder seelische Hilfe und Stärkung.

Das motivierte ihn dazu, in der Folge die Ausbildungsseminare bei Ingrid Auer und danach auch einige eintägige Engelseminare zu besuchen. Er erlebte jede dieser Veranstaltungen als einzigartiges Ereignis, spürte immer wieder neue Energien und konnte sich jedes Mal direkt an die spirituelle Ebene anschließen. Mit besonderer Freude empfand er all diese Vorgänge als wahrhaftig und authentisch. Seither arbeitet Lutz für sich selbst und andere nie mehr ohne Engelenergien, vorwiegend mit Engel-Aura-Essenzen und den Engelsymbolen. Immer wieder erfährt er neue Aspekte über ihre Wirksamkeit. Einige Beispiele sind ihm besonders gut in Erinnerung:

Üblicherweise bringen Hochzeitsgäste meistens nützliche, gelegentlich auch originelle Geschenke mit, um dem Brautpaar Freude zu bereiten. Das geschah auch, als Lutz mit seiner Frau zur Hochzeit eines Geschäftsfreundes eingeladen war. Sie überreichten den Jungvermählten das Karten-Set „Heilende Engelsymbole 1- 49" und die Engel-Aura-Essenz „Engelmeditation", welche die Energien von acht Erzengeln enthält.

Gleich zu Beginn des Hochzeitsfestes wurde der Braut, ausgelöst durch die Aufregungen und den Stress der letzten Tage, dermaßen übel, dass sie sich hinlegen musste und fürchtete, ihre Hochzeitsfeier vorzeitig verlassen zu müssen. Kinesiologische Bemühungen brachten keine Besserung. Schließlich nahm Lutz aus dem Geschenkpaket die Engel-Aura-Essenz „Engelmeditation" und besprühte damit die Braut. Binnen kurzem war sie wieder wohlauf, konnte sogar den Brautwalzer tanzen und feierte bis in die Morgenstunden mit den Gästen. Das Hochzeitsfest war gerettet.

Zwei Tage vor einem Verhandlungstermin beim Scheidungsgericht kam eine sehr verstörte Frau zu Lutz in die Praxis. Sie war über den möglichen Ausgang des Verfahrens total verunsichert und in berechtigter Sorge. Die Frau fürchtete Komplikationen, falsche Aussagen des Ehepartners, peinliche Fragen und unberechtigte Schuldzuweisungen. Lutz unterstützte sie mit Engelsymbolen und gab ihr die von ihr gezogenen Engelsymbol-Karten zum Scheidungsprozess mit. Das Ergebnis? Die Verhandlung verlief ruhig, sachlich und fair. Der Ehemann zeigte ein sehr konstruktives Verhalten und beide gingen friedlich und in Freundschaft auseinander.

Bei einem Seminar zum Thema „Traditionelle männliche Energie im Spiegel der Evolution" hatte Lutz folgendes Erlebnis: Ein Teilnehmer hatte sich eine Woche zuvor mit einer Säge an der Hand schwer verletzt und kam im Laufe der Veranstaltung in emotionale und körperliche Schwierigkeiten. Er litt plötzlich wieder unter starken Schmerzen. Lutz konnte mit den Engelsymbolen, mit der Engel-Aura-Essenz „Erzengel Metatron", mit den Engel-Kombi-Ölen No. 01 „Lariel" und No. 02 „Nanael" („Körperliches bzw. Seelisches Engel-Notfallsöl"), die er bei sich hatte, helfen und die Schmerzen lindern. Danach stellte sich heraus, dass der Verunglückte grundsätzlich über Engelsymbole Bescheid wusste, da seine Frau erst kürzlich an einem Seminar mit Ingrid Auer teilgenommen hatte. Falls man nun meinen könnte, dass das nur „Zufall" gewesen sei, kommt es nun noch deutlicher: Ingrid Auer hatte bereits am Engelseminar auf Wunsch seiner Frau ausgetestet, dass ausgerechnet die Energie von Metatron für ihren Mann von besonderer Wichtigkeit sein würde. Und hier schließt sich nun der Kreis: Lutz hatte beim Seminar von 15 möglichen Engel-Aura-Essenzen ausgerechnet die Essenz „Erzengel Metatron" dabei. Der Verletzte konnte sich der Engelenergie erstmals wirklich öffnen und somit sein Thema, das hinter seiner Verletzung steckte, mit Hilfe der Engel aufarbeiten.

Kürzlich erhielt Lutz den Besuch einer Frau, die sich mit ihren Kräften am Ende fühlte. Die Beziehung zu ihrem Mann war am Zerbrechen und wirtschaftlich hing ein Konkursantrag in der Luft. Die Existenzangst stürzte sie in tiefe Depressionen. Lutz versuchte, ihr zunächst mit „Emotional Clearing" zu helfen, stellte ihr aber im Verlauf des Gesprächs die Frage nach ihrer Einstellung zu Engeln. Sie erklärte, dass sie sich schon immer einen Schutz, eine ständige Begleitung durch Engel gewünscht hätte, aber bisher noch nicht so recht daran glauben könne. Also unternahm Lutz mit ihr eine „Meditationsreise" zu ihren Schutzengeln. Nach der Behandlung, bei der auch eine Engel-Aura-Essenz und die Engelsymbol-Karten zum Einsatz gekommen waren, konnte sie wieder neuen Mut schöpfen, sich sammeln und gestärkt die notwendigen Verhandlungen erfolgreich hinter sich bringen.

Lutz lässt in seinen Behandlungen immer die „Klangwelten"[1]-Meditationsmusik laufen. Während er selbst am liebsten mit Engelsymbolen und Engel-Aura-Essenzen arbeitet und diese auch für die Reinigung der Therapieräume verwendet, setzt er für seine Klienten zusätzlich auch Engelessenzen und Engel-Kombi-Öle ein. Dabei kann er auf zahlreiche Erfolgserlebnisse verweisen: Bei schulischen Problemen, wie zum Beispiel vor mündlichen und schriftlichen Prüfungen, bei der Auflösung von Ängsten, ebenso wie bei allgemeinen Themen, wie zum Beispiel bei Konzentrationsstörungen.

Grundsätzlich geht Lutz auf dieselbe Weise, wie bei allen anderen „Behandlungen", auch bei der Neutralisierung und Ausbalancierung von diversen Allergien vor. Besonders freut er sich über die rasche und andauernde Befreiung von Überempfindlichkeiten gegen Umweltbelastungen, wenn sich die Schulmedizin zuvor ergebnislos darum bemüht hat. Dennoch ist er von der Unverzichtbarkeit der Schul- und Alternativmedizin sowie anderer Komplementärbehandlungen überzeugt.

Oftmals suchen weibliche Klienten seine Hilfe, wenn sie Probleme mit der Thematik „Frausein" haben und diese nicht lösen können. Verschiedenste Komplikationen, die durch eine Schwangerschaft oder durch eine Geburt - zum Beispiel nach einem Kaiserschnitt - ausgelöst werden, verursachen bei vielen Frauen häufig Minderwertigkeitsgefühle, die Ablehnung des Kindes, mangelnde sexuelle Empfindungsfähigkeit und anderes mehr. Mit den speziell dafür zur Verfügung stehenden Hilfsmitteln aus der Engelwelt gelang es Lutz bislang noch immer, derartige Belastungen und Blockaden aufzulösen. Ihn selbst fasziniert immer wieder, wie effizient und rasch das mit Hilfe der Engelenergien geschehen kann.

[1] Hoch schwingende Meditationsmusik, komponiert und gespielt von Andy Eicher und Wolfgang Tejral, Lichtpunkt Records

In letzter Zeit machte Lutz eine interessante Entdeckung: Mit Hilfe der Engel-Aura-Essenzen „Energetische Reinigung", „Engel Sonael" und „Engelmeditation" gelang es ihm, negative Strahlungen aller Art in Räumen nicht nur zu neutralisieren, sondern sogar in unterstützende, positive Schwingungen umzuwandeln. Dazu kann man auch die entsprechenden „Ampullen für Bioenergetiker" verwenden, die man an den Anfangs- und Endpunkten der Wasser- bzw. Erdstrahlen befestigt. Der genaue wissenschaftliche Hintergrund für diesen Effekt ist ihm selbst ein Rätsel, aber für ihn zählt das Ergebnis, und das bezeichnet er als überwältigend.

Wenn Energien sichtbar werden

Wolfgang S., Jahrgang 1943, aus Rannersdorf bei Wien, konzentriert sich erst seit einigen Jahren auf die energetische Unterstützung von körperlichen Energiedefiziten mit Hilfe eines speziellen Biofeedback-Gerätes. Nach seiner Matura war er im Versicherungswesen selbstständig tätig gewesen. Nun, im so genannten „Ruhestand", hat er sich zum Ziel gesetzt, Rat- und Hilfesuchende mit seinen Methoden und Möglichkeiten zu unterstützen.

Auf diesen Weg hat ihn vor vielen Jahren ein persönliches, scheinbar unlösbares Problem geführt: Kreisrunder Haarausfall am Hinterkopf. „Zufällig" sprach ihn auf der Straße - und sozusagen im Vorübergehen - ein Unbekannter an, dem das aufgefallen war, und empfahl ihm einen homöopathisch tätigen Arzt aufzusuchen, der sich schon lange mit verschiedenen Wegen der Selbstheilung beschäftigt. Zwischen Wolfgang und diesem Arzt entwickelte sich eine freundschaftliche Beziehung. Im Laufe der Zeit kam Wolfgang durch den Mediziner zur Erkenntnis, dass jeder Mensch in sich selbst das größte Heilpotenzial trägt und sich dies bewusst machen und es damit aktivieren kann. Auf diese Weise gelang es Wolfgang, sein Haarproblem selbst zu lösen.

Wolfgang ist seither überzeugt, dass die Schulmedizin und unser herrschendes Gesundheitssystem allein zu wenig bewirken können. Er befasste sich intensiv mit gesunder Ernährung und Nahrungsergänzungsmitteln und besuchte darüber hinaus auch zahlreiche Vorträge und Seminare zu seiner spirituellen und mentalen Weiterentwicklung. Seither arbeitet er auch intensiv mit einem computerunterstützten Biofeedbackgerät. Damit lässt sich bei jedem Klienten der aktuelle Energiezustand der einzelnen Organe bis in die Zellebene energetisch messen und grafisch darstellen (siehe Bildteil im Anhang).

Die Abbildungen am Bildschirm des Gerätes sind selbst für Laien verständlich und gut nachvollziehbar. Sie zeigen genau auf, in welchen Körperbereichen Energiedefizite vorhanden sind, die eines Tages in weiterer Folge zu Krankheiten führen könnten. Das System weist darüber hinaus auch einen seelischen bzw. mentalen Zusammenhang zwischen Energiedefiziten und körperlichen Schwachstellen nach. Das Biofeedbackgerät kann auch sichtbar machen, was eine Verhaltensänderung bzw. eine Veränderung der Einstellung eines Menschen zu bestimmten Umständen oder Problemen im Körper energetisch verändern kann, auch was die aktive Mitarbeit des Klienten an der Behebung seines Problems bringen kann. Wolfgang ist überzeugt, dass jeder Mensch seine Lebensqualität verbessern und folglich auch die Lebensdauer verlängern könnte.

Durch einen Freund kam Wolfgang mit Ingrid Auer und den Engelenergien erstmals in Kontakt. Sie übergab ihm zu Testzwecken sämtliche Engelessenzen in Ampullen, die für die Bioresonanzgeräte eigens von ihr hergestellt werden. Mit Hilfe seines Gerätes übertrug Wolfgang diese Energien in den feinstofflichen Körper seiner KlientInnen. Überrascht konnte er die Wirkung am Bildschirm mitverfolgen: Hatte er bisher die Erfahrung gemacht, für die energetische Stabilisierung verschiedener Schwachstellen am Körper mehrere Hilfsmittel einsetzen zu müssen, so gleicht nun bereits eine einzige Engelessenz alle Energiedefizite auf einmal aus. Dieser Effekt hat sich seither bei allen Energieübertragungen bestätigt.

Die Auswahl der jeweiligen Essenz überlässt Wolfgang seinen KlientInnen, da er feststellen konnte, dass sie aus der Vielzahl der

Engelessenzen spontan stets die für sie richtige Ampulle auswählen. Die Auswahl wird dann im Biofeedbacksystem auf ihre Treffsicherheit nachgetestet, erst danach wird überprüft, welches Thema hinter der entsprechenden Essenz steckt. Denn es ist wichtig, dass die KlientInnen nicht nur energetisch stabilisiert und ausgeglichen werden, sondern dass sie sich vor allem mit den Ursachen und Hintergründen ihrer Themen und Blockaden selbst intensiv auseinander setzen, um sie auf Dauer aufzulösen. Die Erfahrungen zeigen, dass in fast allen Fällen den KlientInnen sehr rasch klar wird, welches Problem es zu lösen gilt. Nur manchmal ist es notwendig, in einem gemeinsamen Gespräch mit Wolfgang das Hintergrundthema zu erarbeiten.

Alle Menschen, auch jene, die bislang mit Engeln und Engelenergien nie zu tun hatten, haben nach Wolfgangs Erfahrungen auf das Übertragen der Engelessenzen ausnahmslos sehr positiv reagiert. Er konnte überdies in zahlreichen Fällen feststellen, dass diejenigen Menschen, die erkennen und annehmen können, dass ihnen Engelkräfte immer und überall zur Verfügung stehen, eine messbar raschere Verbesserung ihres Gesamtzustandes erzielen können als andere. Selbstgesteckte Ziele können mit positiven Affirmationen in Kombination mit Engelenergien leichter und ohne Leistungsdruck erreicht werden. Die KlientInnen können mit Wolfgangs Computersystem die Fortschritte ihrer energetischen und mentalen Verbesserung und Stabilisierung auf einfache Art und Weise über den Bildschirm nachvollziehen.

Wolfgang verwendet bei allen Klientengesprächen sein Persönliches Symbol, das er ständig am Körper trägt. Darüber hinaus reinigt er alle Räume regelmäßig mit der Engel-Aura-Essenz „Energetische Reinigung" und für seinen persönlichen Schutz nimmt er die Engel-Aura-Essenz „Energetische Abgrenzung". Er vertraut bei seinen Beratungen immer mehr seinem Gefühl und lässt sich von den Engeln führen.

Engel am Bauernhof

Sylvia K., Jahrgang 1969, aus Hallwang bei Salzburg, war nach einer kaufmännischen Ausbildung zunächst im Handel und im Tourismus beschäftigt, bevor sie sich entschloss, ihrer wahren Berufung zu folgen. Auf dem Biobauernhof ihres Lebensgefährten schlüpfte sie in die ungewohnte Rolle einer Landwirtin und machte sich überdies als Reiki-Meisterin und Reiki-Lehrerin sowie als Energetikerin selbstständig.

Nebenbei hat sie eine Reihe von heilsamen, gesundheitsfördernden und auch einfach nur wohltuenden Produkten, wie Kerzen, natürliche Kräutersalze, Teesorten, Kekse und vieles andere mehr selbst entwickelt. Wer würde zum Beispiel nicht gerne etwa von ihrem „Lustmus" kosten?

Anlässlich ihrer Reiki-Ausbildung erfuhr Sylvia erstmals von einer Nachbarin über Ingrid Auer und ihre Hilfsmittel aus der Engelwelt. Neugierig geworden, besuchte sie eine Informationsveranstaltung und tief beeindruckt von ihren ersten Erlebnissen erwarb sie einige Engelsymbole und Engel-Kombi-Symbole. Da ihr das nicht genug erschien, nahm sie bald darauf an den drei Ausbildungsseminaren teil, um mehr über die Einsatzmöglichkeiten der Symbole und Essenzen für die Praxis zu erfahren. Dort verspürte sie am eigenen Leib, wie sich eine sehr belastende Blockade aus einer früheren Inkarnation auflöste. Damit war die Basis für ihre persönliche Entwicklung auf einer höheren Schwingungsebene gelegt und der Zugang zu einem ihrer Engel hergestellt. Diese seither anhaltende

Verbindung entsteht meist in Form von Bildern vor ihrem geistigen Auge, seltener auch akustisch durch eine Stimme.

Mit Hilfe und Unterstützung ihres persönlichen Engels Aurora begann sie Seminare und Workshops über Energiearbeit zu gestalten, die von der bedingungslosen Liebe ihres Engels geführt und von Sylvias Vertrauen sowie ihrem großen Respekt vor Mensch und Tier geprägt sind. Ihre KlientInnen kommen nicht nur aus bäuerlichen Kreisen, sondern aus allen Gesellschaftsschichten. Sie bietet Energetisierung und Harmonisierung, Channelings und spirituelle Lebensberatung an, aber auch und insbesondere Tierbetreuung. Ihr Auftrag, versichert Sylvia mit Überzeugung, ist es, Basisarbeit zu leisten, um Menschen und Tiere auf ihrem Weg ins Licht zu begleiten. Sylvia hat als „Engel-Therapeutin", wie sie sich selbst gerne bezeichnet, schon viele schöne Erfahrungen mit Menschen und Tieren gemacht.

Im eigenen Familienkreis haben Engel-Aura-Essenzen, Engelsymbole und Engelessenzen längst einen festen Platz im Alltag gefunden. Sylvias Kinder, sogenannte „Kristallkinder", suchen sich stets selbst aus, was sie täglich brauchen. Ein bestimmtes Engel-Kombi-Öl im Brustbereich aufgetragen, half bei Husten besser als jedes Medikament. Auch die „Engel-Notfalltropfen", Engel-Kombi-Essenz No. 01 „Lariel", haben sie noch nie im Stich gelassen. Sylvia hatte auch festgestellt, dass viele Klienten, die erste Erfahrungen mit Bachblüten machten, sich besonders leicht für Engelessenzen öffnen konnten.

Bei Sylvias Seminaren und Workshops wählen die TeilnehmerInnen meistens ein für sie gerade passendes Engelsymbol aus, bei Einzeltherapien ermittelt Sylvia für ihre Klienten das geeignete Engelsymbol mittels ihres Biotensors. Mehrmals musste Sylvia in ihren Sitzungen feststellen, dass KlientInnen entweder aus früheren Inkarnationen oder aus ihrer Kindheit belastende sexuelle Erfahrungen mit sich brachten. In all diesen Fällen gelang es bisher, mit Hilfe von Engelsymbolen und Engelessenzen die Blockaden aufzulösen, was zur Folge hatte, dass diese Frauen ihre Traumata loslassen konnten.

Nun einige Beispiele von Sylvias Umgang mit ihren Tieren: Auf ihrem Bauernhof werden Kühe geradezu verwöhnt. Nach dem individuellen Bedarf ihrer Tiere versprüht sie Engel-Aura-Essenzen, beispielsweise „Erzengel Jophiel", um sie aufzumuntern und „Erzengel Raphael", um erkrankte Tiere rascher genesen zu lassen. Im Stall wird fallweise die Engel-Aura-Essenz „Energetische Reinigung" versprüht. Zusätzlich und ergänzend setzt Sylvia immer wieder auch verschiedene Mentalmethoden ein.

Sylvia berichtet, dass ihre Rinder diese Aura-Essenzen besonders lieben. Sie recken und strecken ihre Hälse danach, als könnten sie gar nicht genug davon bekommen. Die Tiere scheinen auch „Klangwelten"-CDs gerne zu hören. (Dass Tiere bestimmte Musik, zum Beispiel von Mozart, gerne mögen, ist ja längst allgemein bekannt.) Sylvia hat überdies einen Weg gefunden, mit den Tieren zu kommunizieren, sich mit ihnen zu unterhalten. So erfährt sie manches über ihre Stimmung, ihre „sozialen Spannungen" untereinander und gibt ihnen liebevolle Zuwendung. Seit kurzem plant sie gemeinsam mit ihrem Lebensgefährten die Errichtung eines neuen, besonders tiergerechten Stalls.

Klauenpflege ist zwar wichtig, aber bei den Rindern äußerst unbeliebt. Daher gibt Sylvia, während der Bauer die notwendigen Vorbereitungen trifft, den Tieren Reiki an Kopf und Hals und besprüht sie mit der Engel-Aura-Essenz „Erzengel Zadkiel". Das beruhigt die Rinder, sodass sie sich die Prozedur ohne Widerstand gefallen lassen. Regelmäßig überprüft der Landwirt, ob sich seine Tiere etwa Steine oder andere Fremdkörper in die Hufe eingetreten haben, die zu bösen Entzündungen führen könnten. Hier hat sich bewährt, statt der allgemein üblichen Desinfektionsmittel schonende Engelessenzen und Engel-Kombi-Öle zu verwenden, die mindestens gleich gute Wirkungen entfalten.

Kühe sind Geschöpfe der Natur und keine Geburts- und Milcherzeugungsmaschinen. Deshalb gönnt ihnen Sylvia nach der Kalbung eine angemessene Erholungszeit, bevor sie wieder gedeckt werden. Damit die Kühe möglichst schonend wieder trächtig werden können, werden sie von Sylvia zwei Wochen lang regelmäßig mit einer bestimmten Engel-Kombi-Essenz versorgt. Diese Methode wirkt sehr zuverlässig. Zum Futter erhalten die Rinder als „Schmankerl" zusätzlich eine Portion Getreide. Dieses wird vor der Fütterung auf Engelsymbole aufgeschüttet, um es zu energetisieren. Es verwundert daher nicht, dass die energetisch gestärkten Kühe eine Milch liefern, die den hohen Qualitätsanforderungen für Biomilch problemlos entspricht. Im Bedarfsfall werden nach dem Melken Engel-Kombi-Öle auf die Euter aufgetragen. Damit wird der Bildung gefürchteter Keime, Bakterien und Viren entgegengewirkt.

Doch der Bauernhof beherbergt auch andere Tiere, nicht nur Rinder. Als einmal ein Kater schwer erkrankte und seinem Ende entgegen litt, unterstützte ihn Sylvia liebevoll mit entsprechenden Engelsymbolen und Engel-Kombi-Ölen. Es gelang ihr, seinen hoffnungslosen Zustand zu erleichtern und ihm einen schmerzlosen, sanften Abschied zu ermöglichen.

Die Hühner führen ein sehr freies Leben im Umfeld des Hofes. „Wenn sie ausschwärmen, kehren sie aber oft mit belastenden Energien in ihren Stall zurück", meint Sylvia. Deshalb besprüht sie die Hühner am Abend mit Engel-Aura-Essenzen und reinigt sie dadurch energetisch. Der Dank dafür: Das Federvieh ist kerngesund und legt während des ganzen Jahres überdurchschnittlich große, sehr gehaltvoll schmeckende Eier, mit denen die Familie und die Nachbarn versorgt werden.

Leichter durch den Schulalltag

Susanne S., Jahrgang 1962, wohnt südlich von Wien und unterrichtet an einer Hauptschule die Fächer Englisch, Biologie und Physik. Neben ihrer Familie und ihrem Beruf widmet sich die der Natur sehr verbundene Lehrerin gerne ihrem Garten und liebt ausgedehnte Wanderungen, vor allem Nordic Walking. Als ihre heute schon erwachsene Tochter zur Welt kam und sehr sensibel und überempfindlich auf verschiedene Nahrungsmittel reagierte, gleichzeitig aber herkömmliche Medikamente nicht vertrug, schloss sie sich einem Freundeskreis an, in dem man sich mit allgemeinen Lebensfragen und Problemen befasste, um diese aus einer für sie neuen - spirituellen - Sichtweise zu betrachten.

Eines Tages entdeckte sie in einer Buchhandlung Ingrid Auers Engelessenzen. Vom Aussehen und den Farben fast magisch angezogen, griff sie nach der Essenz mit dem rosafarbenen Etikett No. 7 „Engel für Optimismus und Schönheit". Das passte gut zu ihrer damals eher gedrückten Stimmungslage, denn sie spürte gerade wieder einmal ein Unbehagen, weil sie sich manchmal weder an dem Ort, aus dem sie stammt, noch dort, wo sie mit ihrem Mann ein Haus gebaut hat und lebt, wirklich richtig wohl fühlen konnte. Als sie das Geschäft verließ, nahm sie sogleich paar Tropfen der Engelessenz in den Mund. Susanne fühlte, wie eine angenehme Veränderung in ihr vorging.

Zu Hause angekommen, erfüllte sie ein bisher nicht gekanntes optimistisches Gefühl. Voller Tatendrang begann sie, ihr Heim zu verschönern und zu dekorieren. Ihr Unbehagen war verflogen. Alles, was sie früher versucht hatte, nämlich Literatur über Alternativmedizin zu lesen, die Beschäftigung mit Homöopathie und Bachblüten, gehörten ab diesem Zeitpunkt der Vergangenheit an. Sie verspürte die wohltuende Wirkung der Engelenergien am eigenen Leib. Dieser erste Erfolg weckte ihren Wunsch nach mehr, und so erstand sie bald darauf das Buch „Heilende Engelsymbole 1 - 49" mit dem dazugehörigen Kartenset. Sofort begann sie damit zu arbeiten. Um sich vom Berufsstress zu erholen, wählte sie immer öfter die energetisierten Engelsymbol-Karten aus, legte sie auf ihren Körper und binnen zehn Minuten fühlte sie sich wieder entspannt und voller Energie. Während sie aufgrund ihrer hohen Sensibilität früher bei der Anwendung homöopathischer Mittel manchmal sogar negative Auswirkungen erlebte, reagierte sie auf Engelsymbole ausschließlich positiv. Nachteilige Nebenwirkungen blieben aus.

Als Susanne im Internet auf das Seminarangebot von Ingrid Auer stieß, entschied sie sich spontan, an der dreiteiligen Ausbildungsreihe teilzunehmen. Sie erhielt dort nicht nur für sich wichtige Informationen, sondern entwickelte vor allem ein sicheres Gefühl für den Umgang mit den Hilfsmitteln aus der Engelwelt und genoss den Erfahrungsaustausch mit den anderen Seminarteilnehmern. Sie besuchte in Folge weitere Erzengel- und Schutzengelseminare bei Ingrid, wo sie Engelenergien deutlich spüren konnte und ihre Vorstellungen von Engeln bestätigt fand. Begeistert legte sie sich nach und nach fast alle Bücher und Symbole, viele Essenzen und Öle zu.

Als sie einige Tage lang Unterleibsschmerzen hatte, konnte sie mit Hilfe der Engel-Kombi-Symbole No. 11 „Lunael", die bei Problemen mit Viren und Bakterien energetisch hilfreich sein können, einen kräftigen Energiestrom fließen spüren. Sie hatte die Symbole auf die Innenseite des Unterhemdes geklebt, sodass sie am Unterbauch auflagen. Die Schmerzen vergingen von selbst.

Seither veranstaltet Susanne für Freunde und Bekannte fast regelmäßig Meditationsabende, an denen auch andere Interessierte teilnehmen können. Darüberhinaus bietet sie abendliche Vorträge an, wobei im Verlauf von vier Abenden der Inhalt eines Tagesseminars auf vier Teile aufgeteilt wird. Die Themen dieser Veranstaltungen sind z. B. „Kinder der neuen Zeit" oder „Umgang und Anwendung von Engelsymbolen". Die Schwerpunkte ihrer Seminare sind das Legen von Schutzkreisen mit den „Engelsymbolen 1 - 49" sowie mit „Engelsymbolen für Kinder", das energetische Lösen von Schwüren und Gelübden sowie Cuttings[2] mit Hilfe der Engelsymbole.

Für sich selbst, für ihre Familie und für die SchülerInnen ihrer Schulklassen legt Susanne häufig Engelsymbol-Schutzkreise[3], insbesondere für Schüler mit Verhaltensauffälligkeiten oder mit problematischem, sozialem Hintergrund. Sie hat dabei schon viele stille Erfolge gefeiert, denn sie informiert niemanden darüber, wenn sie auf diese Weise helfen kann. Diese Erfolge zeigen sich in einer Normalisierung des auffälligen Verhaltens, in Verbesserungen des Zusammenhalts unter Klassenkameraden, ja sogar in Steigerungen der schulischen Leistungen. Auch das Arbeitsklima in den Klassen selbst bessert sich spürbar. Die ersten Anzeichen von Verbesserungen sind bereits ab der ersten Schulstunde, nachdem ein Engelsymbol-Schutzkreis gelegt wurde, festzustellen.

Eines Abends, im Anschluss an eine Meditation, erzählte ihr eine Freundin über ihre Angst vor einer unmittelbar bevorstehenden Operation. Bei einer Untersuchung hatte man Polypen im Unterleib entdeckt und dieses Problem hätte sie gerne noch vor dem schon geplanten Urlaub gelöst. Susanne machte mit ihr eine Erzengel Raphael-Meditation und legte ihr die Engel-Transformationssymbol-Karte No. 02 „Engel für Feinstoffliche Regenerierung" auf den Unterleib.

[2]
[3]
Siehe Glossar

Die Freundin schloss die Augen und stellte sich vor, die Polypen wie mit einem Reinigungsgerät aus dem Körper zu fegen. Danach beschrieb sie ihr Gefühl „als hätte mich ein Kärcher von innen gereinigt". Während der nächsten 10 Tage trug sie die Engelsymbol-Karte ständig am Körper, imaginierte das Bild dieses Symbols und das Bild vom Kärcher täglich und stellte sich wieder und wieder vor, wie ihr Unterleib gereinigt würde. Sie holte sich das Bild, welches sie während der Meditation bekam, jeden Abend vor ihr inneres Auge. Als sie sich zur nächsten ärztlichen Untersuchung begab, waren die Wucherungen verschwunden und die Operation wurde abgesagt.

Ein kleines Beispiel aus dem Tierreich: Susannes Tochter besitzt ein Reitpferd, das unter einer seltsamen Hauterkrankung litt, der mit den vom Tierarzt verschriebenen Medikamenten nicht beizukommen war. Susanne beschloss, mit der Engelessenz für körperlichen Notfall, No. 01 „Lariel", zu experimentieren. Nach nur drei Tagen begann die Heilung und das Fell wuchs wieder nach.

Da Susannes Tochter von Geburt an recht sensibel ist und daher auch auf Impfungen stark reagiert, wurde in der Nacht vor der Zeckenschutzimpfung das Medikament auf das Engelsymbol No. 4 „Engel für Reinheit und Klarheit" gestellt. Nach der Impfung blieben die befürchteten Reaktionen diesmal aus: Keine entzündete Einstichstelle, kein Schnupfen, kein Husten.

Susanne experimentiert immer wieder gerne mit den „Engelsymbolen für Kinder" und Engel-Aura-Essenzen in ihren Klassen. Dabei dürfen die Schüler zu Beginn des Unterrichts selbst eine Karte ziehen und sie auf eine ihnen angemessen scheinende Körperstelle (Stirn, Brust, Solarplexus) auflegen oder auf die Sitzfläche ihres Stuhles legen. Die Engel-Aura-Essenzen werden im Klassenzimmer versprüht. Zu Susannes Freude reagieren die Kinder sehr ernsthaft, fast andächtig, als ob sie die Wirkungen ahnten. Einmal, am Ende der Schulstunde, als sie die Karten wieder abgaben, durften sie die Auswirkungen selbst beschreiben: „Beruhigend, erfrischend, konzentrationsfördernd, lustig und kraftspendend, Verbesserung der Merkfähigkeit, kein Kopfweh mehr, kurzweilig, sorgenfrei, Freude am Lernen (!)". Wer von uns hätte das während seiner Schulzeit nicht auch gerne erlebt?

Die Schüler sind von den positiven Auswirkungen so begeistert, dass sie immer wieder Engelsymbole und Engel-Aura-Essenzen wünschen. Besonders vor schriftlichen Prüfungen, aber auch in anderen Fächern, die Susanne selbst gar nicht unterrichtet. Sie tragen zur Beruhigung bei und nehmen den Kindern die vor Prüfungen so typische kollektive Nervosität. Susanne meint, dass die Engel-Aura-Essenz „Erzengel Uriel" sich besonders zum Erden eignet, die Engel-Aura-Essenzen „Erzengel Michael" und „Engel Hariel" zur Beruhigung. Auch die Engel-Aura-Essenzen „Erzengel Metatron" und „Engelmeditation" lieben die Kinder sehr. Für jene mit Konzentrationsschwierigkeiten ist die Engel-Aura-Essenz „Korathel" besonders zu empfehlen.

Manche Kinder erbaten sich gelegentlich vor den gefürchteten schriftlichen Mathematikprüfungen von Susanne Engelsymbole, die sie in der Nacht davor unter ihr Kopfkissen legten. Sie behaupten, ruhiger zu werden und besser schlafen zu können. Eine der Schulklassen war so begeistert, dass die SchülerInnen ihr Taschengeld zusammenkratzen wollten, um damit Engel-Aura-Essenzen für den Unterricht zu kaufen. Sie schrieben an Susanne einfach, aber sehr berührend: „Danke, Frau Lehrerin, dass du für uns da bist."

Zu Beginn eines neuen Schuljahres wollte ein besonders ängstlicher Bub mitten im Unterricht spontan nach Hause gehen. Da er aus der Volksschule gekommen war, wo er eine sehr schlechte Beurteilung erhalten hatte, bekam er zusätzlich noch eine psychotherapeutische Behandlung. Susanne, die ihn als recht intelligent einschätzte, ließ ihn zwei Monate lang jeden Tag eine „Engelsymbolkarte für Kinder" ziehen und während des Unterrichts bei sich behalten. Im Laufe dieses Zeitraumes änderte er allmählich sein Verhalten. Heute ist er ein guter Schüler, ohne sichtbare Probleme und fühlt sich in seiner Klasse wohl.

Susanne weiß sich auch bei Vorgesetzten und Kollegen mit Unterstützung der Engelwelt zu helfen. Um das Arbeitsklima im Lehrkörper zu fördern oder um Konflikte mit Direktor und Kollegen zu beruhigen, hat sie vielfach mit Engelsymbol-Schutzkreisen erfolgreich gearbeitet. Besonders hilfreich waren dabei in verschiedensten Situationen die Engel-Aura-Essenzen „Energetische Reinigung", „Erzengel Chamuel", „Erzengel Gabriel", „Erzengel Michael" und „Engel Sonael". Jedes Mal nahm das latente Konfliktpotential ab und die Atmosphäre verbesserte sich deutlich. Das wurde von den Kollegen bemerkt und besprochen, obwohl sie bis heute von Engelsymbol-Schutzkreisen keine Ahnung haben.

Eine Kollegin von Susanne, ebenfalls Lehrerin, hegte seit längerer Zeit den Wunsch, ein Lernstudio für Nachhilfeunterricht aufzubauen. Sie bat Susanne, sie dabei zu unterstützen und zu bestärken, um ihr Ziel zu erreichen. Sie riet ihrer Kollegin, bei ihrem geplanten Projekt auch mit den Engelsymbolen zu arbeiten, was diese auch befolgte. Für ihre Nachhilfeschüler legte sie vor jeder schriftlichen Prüfung Engelsymbol-Schutzkreise. Seither hat sie riesige Erfolge und Eltern und Schüler laufen ihr die Türe ein. Um die Effizienz ihrer Arbeit weiter zu steigern, verwendet sie zusätzlich noch die „Engelsymbole für Kinder".

Susanne konnte auch selbst eine gute Erfahrung machen. Ihre körperliche Schwachstelle ist der Magen-Darm-Trakt und oft wird sie von Blähungen und Magenschmerzen geplagt. Ein Naturheiler, den ihr Freunde empfohlen hatten, gab ihr pflanzliche Tropfen und riet zu einer Diät. Dabei wurde sie aber von Tag zu Tag schwächer, bis sie entmutigt damit aufhörte. Schließlich kam ihr die Idee ein Engelsymbol auszutesten. Es war das Engel-Transformationssymbol No. 08 „Engel für Ausgewogenes Pflichtbewusstsein". Binnen kürzester Zeit ging es Susanne wieder gut, sie konnte wieder ganz normal essen, fühlte sich wieder positiv gestimmt und voller Energie. Diese spontane Genesung bezeichnet sie selbst als "Wunder" und weiß doch, woher es kommt.

Susanne hat für ihren eigenen Bedarf eine kleine Engel-Hausapotheke zusammengestellt. Dort stehen die Engel-Kombi-Essenz No. 01 „Lariel" für körperlichen Notfall, die Engel-Kombi-Essenz No. 02 „Nanael" für seelischen Notfall, die Engel-Kombi-Essenz No. 03 „Hariel" für Kindernotfälle, die Engel-Kombi-Essenzen No. 04 „Aniel", No. 07 „Carmiel", No. 11 „Lunael", die Engel-Aura-Essenzen „Energetische Abgrenzung" und „Energetische Reinigung" und das Engelsymbol No. 38 „Engel für Karmaerlösung". Was sie braucht, darüber entscheidet Susanne nach ihrem Gefühl oder gelegentlich mit einem Pendel. Die Wohnräume und besonders ihren Seminarraum behandelt sie beinahe täglich bzw. vor und nach dem Besuch von Klienten mit der Engel-Aura-Essenz "Energetische Reinigung". Oft verwendet sie auch die Engel-Aura-Essenz "Sonael" im Hinblick auf Computer-Arbeit und Handys.

Die Engel-Aura-Essenzen „Erzengel Uriel" und „Erzengel Chamuel" nimmt Susanne ganz spontan nach Gefühl und Bedarf, ohne besondere Anlässe, einfach zum Wohlfühlen. Das tägliche Trinkwasser, das auch für Tee und Kaffee verwendet wird, steht entweder auf dem Symbol No. 4 „Engel für Reinheit und Klarheit" oder auf dem Symbol „Erzengel Gabriel". Susanne arbeitet täglich mit Engeln und freut sich, immer wieder neue Erkenntnisse zu gewinnen und neue Erfahrungen zu machen.

Engel an der Seite einer Ärztin

Nikola N., Jahrgang 1977, aus Wien, ist Fachärztin für Allgemeinmedizin und steht gerade vor dem Abschluss ihrer Fachausbildung für Psychiatrie und Psychotherapeutische Medizin mit dem Spezialfach Verhaltenstherapie. Mit ihrem herzlichen und freundlichen Wesen gelingt es ihr sehr gut, auf angespannte Patienten einzugehen und sich in dem schwierigen Umfeld einer psychiatrischen Abteilung erfolgreich zu behaupten.

Seit frühester Jugend kam sie aufgrund der schweren Erkrankung ihres Vaters und seiner vielfältigen Bemühungen, sie zu überwinden, erstmals mit Esoterik in Berührung. Er suchte Hilfe bei alternativen Heilmethoden, Hinwendung zum Glauben und machte Pilgerreisen. Sein Schicksal gab den Anstoß zu ihrer Berufsentscheidung. Später, als Nikola die Familie ihres zukünftigen Mannes näher kennen lernte, fanden sich weitere Anknüpfungspunkte über den fernöstlichen Zen-Kampfsport, Meditationen und Energiearbeit.

Vor ein paar Jahren zog im Haus neben Nikola eine neue Nachbarin ein. Aus dem räumlichen Naheverhältnis entwickelte sich nach und nach eine enge Freundschaft. Die Nachbarin war Ingrid Auer. Nikola und ihr Mann, beide gleichermaßen offen und interessiert an allem, was über das rein Materielle unseres Lebens hinausgeht, haben sich mit den Hilfsmitteln, die über Ingrid von der Engelwelt zur Verfügung gestellt werden, vertraut gemacht und beziehen sie oft in ihren Alltag ein. Nikola kann dazu aus ihren ganz persönlichen Erfahrungen berichten:

Im Vorraum ihres Hauses, gleich beim Eingang, hängt ein großes Bild mit dem Symbol von Erzengel Chamuel. Seither haben manche Besucher, auch solche, die mit Engeln „nichts am Hut haben", ganz spontan die gute, angenehm spürbare Atmosphäre gelobt, die sie beim Eintritt des Hauses umfängt.

Jeweils vor ihrem Dienstbeginn hat sich Nikola zur Gewohnheit gemacht, ihre Aura regelmäßig mit der Engel-Aura-Essenz „Energetische Abgrenzung" zu schützen. Seit sie das tut und sich damit vor der zu erwartenden Arbeitsbelastung und den Energien ihrer Patienten abgrenzt, stellt sie fest, dass Anspannungen und Ermüdungen wesentlich geringer sind als vorher. An manchen Tagen machen beruflicher Stress, Konfrontationen mit besonders schwierigen oder aggressiven Patienten, aber auch das angespannte Arbeitsklima - da ihre KollegInnen ebenfalls unter Druck stehen und manchmal zu Überreaktionen neigen - Nikola zu schaffen. Sie hat für sich entdeckt, dass nach der Arbeit ein entspannendes Bad, energetisiert mit den Engel-Kombi-Essenzen No. 02 „Nanael" und No. 39 „Raniel" eine Wohltat ist, und sie rascher abschalten und sich von den Belastungen des Tages noch besser körperlich und emotional lösen kann.

Die Engel-Aura-Essenz „Erzengel Gabriel" vermittelt Nikola ein allgemeines Wohlgefühl, die von Erzengel Raphael schützt sie bei allfälligen Unbehagen und vor Erkrankung und die Aura-Essenz von Erzengel Michael nimmt sie zur Energetisierung ihrer Wohnräume.

Beim ersten Anflug von Herpes (Fieberblasen) nimmt sie immer die Engel-Kombi-Essenz No. 01 „Lariel" und trägt sie tropfenweise auf den gefährdeten Mundbereich auf. „Die Essenz hilft mir besser als jedes Medikament. Herpes kommt seither nie mehr zum Ausbruch."

Mit den Engelsymbol-Karten legt Nikola häufig Schutzkreise zur Unterstützung beim Visualisieren oder zur Verstärkung ihrer Wunschvorstellungen. Die Karten zieht sie entweder spontan oder nimmt den Biotensor zur Hilfe. Meist verwendet sie die „Engelsymbole 1 - 49" und die „Engel-Transformationssymbole 1 - 21". Nikola meint, dass die Schutzkreise bisher noch immer gewirkt und geholfen haben: als sie einen Ausbildungsplatz suchte, als sie einen Arbeitsplatz brauchte, als sie diverse Probleme lösen musste und zur Unterstützung bei wichtigen Entscheidungen im privaten Bereich.

Auch in ihrem weiteren Umfeld, mit Freunden und Bekannten, hat Nikola etliche positive Erfahrungen mit Engelhilfsmitteln erlebt: Eine nahe Verwandte, die seit ihrem 25. Lebensjahr unter Schizophrenie leidet und sich deshalb laufend in ärztlicher Behandlung befindet, konnte mit Medikamenten ihren Zustand halbwegs stabilisieren. Zur Unterstützung gab ihr Nikola die Engel-Aura-Essenzen „Energetische Abgrenzung" und „Energetische Reinigung". Seither fühlt sich die Patientin wesentlich besser und kommt wieder leichter mit ihrem Leben zurecht.

Eine mit Nikola verwandte Krankenschwester ist auf einer Intensivstation beschäftigt, wo sie immer wieder Patienten im Wachkoma oder im künstlichen Tiefschlaf betreut. Sie arbeitet mit basaler Stimulation und Aromatherapie. Aus Ingrid Auers Buch „Engel begleiten durch Krankheit, Tod und Trauer" entnimmt sie Anregungen und Vorschläge, ihren Schützlingen noch mehr Gutes zu tun und zu helfen.

In einigen befreundeten Familien klagen die jungen Eltern über das häufige Geschrei ihrer Babys, die Störung der Nachtruhe und in weiterer Folge über Nervosität, Müdigkeit und Gereiztheit. Nikola konnte mehrfach die Erfahrung machen, dass die Engel-Aura-

Essenz „Engel Norael", wenn sie in die Aura des Kindes oder über dem Kinderbett versprüht wird, immer zu einer raschen Beruhigung und einer friedlichen Atmosphäre führt.

Zuletzt noch eine Erfahrung mit Tieren: Nikolas Hündin wurde des Öfteren scheinträchtig. Sie verabreichte ihrem vierbeinigen Liebling einige Tropfen der Engel-Kombi-Essenz No. 16 „Rosael" (die von Menschen normalerweise bei Menstruationsbeschwerden verwendet wird), worauf sich die Schmerzen rasch legten. Als sich die Hündin einmal bei einer Begegnung mit einem temperamentvollen Rüden einen Schwanzknorpel brach, führte die Engel-Kombi-Essenz No. 01 „Lariel" zu einer raschen Heilung.

Mit sanfter Kraft ans Ziel

Artur K., Jahrgang 1963, ist in Wien als selbstständiger Masseur und Zilgrei-Therapeut tätig. Wie Artur bedauernd feststellt, wird Zilgrei, eine Kombination aus besonderen Atemtechniken und einer sanften Bewegungstherapie, die dazu geeignet ist, Blockaden sehr wirkungsvoll und schmerzfrei aufzulösen, in Österreich leider nicht allzu oft angeboten.

Artur ist ein bodenständiger und heimatverbundener Kärntner. Er ging dort zur Schule - sein Lieblingsfach war übrigens Biologie - erlernte dort den Beruf eines Masseurs, heiratete und ist Vater zweier Kinder. „Blühe dort, wo Gott dich hingesät hat", ist sein Leitspruch und danach lebt er: Offen, gerade, direkt, natürlich und authentisch. Er liebt den Kontakt zu Menschen und das spürt man auch sofort.

Seit Beginn seiner Laufbahn ist Artur auf der Suche nach dem Zusammenhang zwischen Leiden und deren Ursachen. „Psychosomatische Probleme und körperliche Schmerzen beruhen auf seelischen Blockaden", ist seine feste Überzeugung. Um die Blockaden zu lösen, fordert er von seinen Klienten Selbstverantwortung und Mitarbeit. Seine Erfolge geben diesem Grundsatz Recht.

Aus einem kleinen Inserat in einer Zeitschrift, durch das er sich persönlich stark angesprochen fühlte, ergab sich der erste Kontakt zu Ingrid Auer. Er ließ sich das Set „Heilende Engelsymbole 1 - 49" samt Buch zusenden und begann sofort im Familienkreis damit zu arbeiten. Mit Hilfe der Engelessenzen und Engel-Öle konnte Artur seine persönliche spirituelle Entwicklung Schritt für Schritt erweitern. In einer Seminarreihe lernte er Ingrid Auer und ihre Hilfsmittel aus der Engelwelt persönlich kennen. Er beschaffte sich nun auch alle Engelessenzen und Engelöle für seine Praxis.

Die konkrete Auswahl dieser Mittel für seine KlientInnen trifft er mit seinem Pendel. In drei Schritten kommt er an sein Ziel: Zuerst testet er die passende Engelsymbol-Karte für seinen Klienten aus. Diese zeigt ihm das Hintergrundthema, das aktuelle - bewusste oder unbewusste - Problem seines Klienten an, das er mit ihm vor der Behandlung bespricht. Es ist ihm wichtig, dass sich sein Gegenüber bewusst macht, worum es bei seinem körperlichen Problem bzw. bei seinem seelischen Unbehagen, das er zu Artur mitgebracht hat, eigentlich geht. Dann pendelt Artur aus, ob er während der Behandlung eine Engel-Aura-Essenz im Raum sprühen soll und welche. Und schließlich testet er aus den Engel-Kombi-Ölen bis zu drei verschiedene Öle aus, eruiert die genaue Tropfenanzahl und bereitet damit für jeden Klienten individuell ein ganz persönliches Engelöl für die jeweilige Behandlung.

Trotz seiner Erfolge bleibt Artur am Boden der Realität und sieht sich nur als verlängerter Arm oder Werkzeug der Engel. Die Art seiner Massagen geschieht ganz intuitiv und spontan. Manchmal nimmt Artur auch Engelsymbol-Karten, die nicht von Ingrid Auer stammen dazu, und freut sich über die problemlose Kombinierbarkeit: Engel kennen wohl keine Begrenzungen, weder bei Karten, noch bei anderen Hilfsmitteln, die den Menschen zur Verfügung gestellt werden. Darum arbeitet Artur auch selbst an der eigenen spirituellen Weiterbildung: „Ich bin doch nur der Brunnen, nicht die Quelle", so schätzt er sich selbst ein.

Die Ergebnisse seiner Arbeit, die er im Sinne seiner Kunden diskret behandelt, können sich sehen lassen. Viele seiner KlientInnen stammen aus Künstlerkreisen, wohl, weil er gegenüber der Wiener Staatsoper praktiziert. Eines Tages erschien beispielsweise ein Geigenvirtuose, der plötzlich seinen Arm nicht mehr hochheben konnte. Er fürchtete, seinen Beruf aufgeben zu müssen, da ihm seine Ärzte anscheinend nicht helfen konnten. Artur stellte fest, dass sowohl Probleme im familiären Bereich als auch im Beruf zwei seiner Chakren blockierten. Er erkannte, dass diese emotionalen Anspannungen durch seine Massagen in Kombination mit den Engelhilfsmitteln den Energiefluss besonders gut wieder in Gang bringen konnten. Bereits nach der ersten Sitzung gelang es dem Musiker, seinen Arm zirka zwanzig Zentimeter hoch zu heben, nach der fünften Behandlung war sein Problem vollständig gelöst. Heute kann er wieder beschwerdefrei und komplikationslos auf seinem Instrument spielen.

Eines Tages erschien eine Dame in seiner Praxis, die nach einer schweren Operation an einem bewegungsunfähigen, eiskalten Arm zu leiden hatte. Die Schulmedizin konnte in ihren Befunden keinerlei Anhaltspunkte für die Probleme feststellen und daher auch nicht helfen. Artur stellte zwei Blockaden im Herz- und im Kehlkopfchakra fest. Die Ursachen dieser Blockaden erarbeitete er gemeinsam mit seiner Klientin, gleichzeitig führte er seine bewährten „Engel-Massagen" durch und nach nur fünf Sitzungen war die Dame wieder beschwerdefrei.

Ein krebskranker junger Mann suchte bei Artur Hilfe, die er im schulmedizinischen Bereich offenbar nicht mehr bekommen konnte. Das von Artur ausgetestete Engel-Transformationssymbol war die No. 02 für „Feinstoffliche Regenerierung". Im Zuge der Behandlung kam zutage, dass der Patient unter einem Mangel an Zuwendung litt und sich den Ausgleich dieses Defizits durch massive Hinwendung seiner Umgebung auf seine dramatische Erkrankung holen wollte. Mit dieser Erkenntnis konnte der junge Mann seine Heilung mit Unterstützung durch Artur und die Engelenergien selbst in die Hand nehmen. Es besteht aufgrund der letzten Untersuchung berechtigte Hoffnung, dass der Klient seine Erkrankung bewältigen wird.

Dass sich auch sehr weit beziehungsweise sehr tief zurückliegende Themen durch Engel-Kombi-Öle lösen lassen, bewies das Beispiel einer bildhübschen jung verheirateten Frau, die scheinbar grundlos keine Freude an ihrer Sexualität mehr fand. Trotz liebevoller Zuwendung und starker Hingezogenheit zu ihrem Mann konnte sie keine Lustgefühle verspüren. Artur kam hinter das Geheimnis: Die Abneigung beziehungsweise die Unlust stammten noch aus einer früheren Inkarnation ihrer Seele. Als er sie mit dem Engel-Kombi-Öl No. 56 „Nirael" massierte, löste sich allmählich die Blockade und damit das Problem.

Der so genannte „Zufall" führte Artur kürzlich mit einem namhaften deutschen Orthopäden zusammen, der für ganzheitliche Behandlungen offen ist. Er war von Arturs Therapien sehr angetan und bat ihn, sich mit einer Reihe von so genannten „medizinisch austherapierten" Patienten zu beschäftigen. Artur fühlte sich in das Projekt hinein um abzuschätzen, ob er dafür überhaupt der Richtige sei. Tatsächlich konnte er mit seinen „Engel-Massagen" vielversprechende Erfolge erzielen. Die Patienten zeigten durchwegs Besserung ihres Zustandes, sodass die Massagetherapien weiter fortgesetzt werden.

Dass Artur von Seiten der KlientInnen wachsenden Zulauf und offenes Interesse für Engel verspürt, dass er selbst und seine Familie mit Engelenergien gerne arbeiten, bestätigt ihm die Richtigkeit des eingeschlagenen Weges. Die Ergebnisse seiner Arbeit machen ihm viel Freude und er bereitet sich gerade darauf vor, sein Wissen in Einzelberatungen, Vorträgen und Seminaren an Berufskollegen und Vertreter ähnlicher Berufsgruppen weiterzugeben.

Engel muss man nicht beweisen

Marianne W., Jahrgang 1948, aus Zell am See, war Lehrerin an einer landwirtschaftlichen Fachschule, bevor sie aus gesundheitlichen Gründen in Frühpension ging. Sie erinnert sich, dass sie schon als Kind ein großes Interesse für übersinnliche Phänomene entwickelte und von allem, was sie über Japan und China erfahren konnte, besonders fasziniert war. Warum das so kam, weiß sie nicht so genau, wenn sich auch in ihrem Leben später dann zahlreiche persönliche Kontakte mit Japan ergeben sollten. Obwohl sie aus einer Landwirtschaft im Weinviertel, einer ländlichen Gegend nördlich von Wien, stammt und nach dem Wunsch der Eltern den Bauernhof hätte übernehmen sollen, entschied sie sich für das Lehramt und nahm im Land Salzburg eine angebotene Stelle an.

Als sie vor Jahren lebensbedrohlich erkrankte, eine Kopfoperation und viele unangenehme Untersuchungen über sich ergehen lassen musste, hatte sie ein seltsames Erlebnis: Sie stand gerade in der Röntgenstation und betrachtete die Aufnahmen ihres Kopftumors, als ein Unbekannter in einem weißen Mantel hinter sie trat und sie über die Schulter leise fragte: „Sind das Ihre Aufnahmen?" Als Marianne bejahte, sagte er ganz kurz „Sie werden wieder gesund", drehte sich um und verschwand. Marianne hatte diesen Mann weder zuvor noch danach jemals wieder gesehen, obwohl sie nach dieser Begebenheit im ganzen Krankenhaus oft nach ihm Ausschau hielt. Keiner konnte ihr sagen, wer dieser „Arzt" war. Sie glaubt in der Zwischenzeit, dass diese Begegnung eine persönliche Engelerscheinung war, die ihr Mut machen und Kraft schenken wollte. Dieser Vorfall liegt nun mehr als zehn Jahre zurück, und sie sollte tatsächlich wieder vollkommen gesund werden.

Marianne beschäftigte sich neben ihrem Beruf und auch während ihres Krankenstandes mit Traditioneller Chinesischer Medizin, chinesischer Ernährungslehre, mit Kräutern und Wurzeln und ließ sich zur Qi-Gong-Lehrerin ausbilden. Weiters erwarb sie Kenntnisse über Feng Shui, Lithotherapie und Fußreflexzonenmassage.

Eines Tages flatterte ein Brief mit einer Einladung zu einer Engelveranstaltung ins Haus. Marianne schenkte ihr keine Beachtung, doch kurze Zeit später kam die gleiche Zusendung neuerlich: Ein Engelvortrag in Salzburg mit einem international tätigen Engelmedium wurde angekündigt. Eine ihrer Töchter hatte am selben Tag dort einen wichtigen Termin wahrzunehmen. Also fuhren beide nach Salzburg und Marianne hörte sich den Vortrag an. Wie es der "Zufall" wollte, war auch Ingrid Auer vor Ort, die ihre Engelsymbole und Engelessenzen vorstellte. Diese lud Marianne ein, an ihrem nächsten Seminar teilzunehmen. Von dort nahm Marianne einige Engelessenzen mit nach Hause, darunter eine von Erzengel Raphael. Auf der Rückfahrt traf sie mit einer befreundeten Geomantin zusammen und zeigte ihr das Fläschchen mit der Engelessenz. Diese machte große Augen und meinte, nachdem sie das Fläschchen in die Hand genommen und ausgetestet hatte, eine derart hochschwingende, starke Energie habe sie noch nie gespürt.

Marianne besuchte nun auch weitere Seminare bei Ingrid Auer und beschäftigte sich in der Folge sehr intensiv mit den Engel-Kombi-Symbolen. Als bei einer Nachuntersuchung ihres Kopfes der Arzt einen neuen Tumor diagnostizierte, beschloss Marianne, der Schulmedizin den Rücken zu kehren und sich ausschließlich auf alternative Möglichkeiten zu konzentrieren: Auf Traditionelle Chinesische Medizin, Kräuter, Wurzeln, gesunde Ernährung, Energieableitungen und viel körperliche Bewegung. Der Tumor verschwand und sie wurde - wie bereits berichtet - wieder völlig gesund.

Mit Ingrids Hilfsmitteln aus der Engelwelt hat Marianne zahlreiche gute Erfahrungen gesammelt: Eine ehemalige Schülerin stand kurz vor der dritten Entbindung. Da bei ihren zwei vorhergehenden Geburten immer Kaiserschnitte vorgenommen wurden, fehlte ihr nun, wie sie selbst sagte, die Erfahrung für eine normale Geburt und das bereitete ihr Angst. Auch Mariannes Tochter erwartete zur gleichen Zeit Nachwuchs. Beiden jungen Frauen gab Marianne das Kombi-Öl No. 18 „Vaniel", das sie während der letzten beiden Schwangerschaftsmonate regelmäßig täglich auftrugen und einmassierten. Beide erlebten völlig normale und komplikationsfreie Geburten und brachten gesunde Kinder zur Welt.

Ein sehr gestresster junger Vater, von Beruf Autohändler, klagte eines Tages Marianne sein Leid: Er hatte seit der Geburt seines Kindes, und das lag damals schon fast vier Jahre zurück, keine einzige Nacht mehr durchschlafen können. Seine Tochter schrie Nacht für Nacht. Besuche bei Kinderärzten, Kinderpsychologen, Heilpraktikern und Energetikern waren erfolglos geblieben. Marianne empfahl ihm, im Schlafraum des Kindes die Engel-Aura-Essenz „Norael", zu versprühen. Sie wirkte sofort und die erste Nachtruhe war gesichert. Der misstrauische Mann konnte jedoch an die rasche und sehr verblüffende Wirkung der Essenz nicht recht glauben und dachte an Zufall. So setzte er das Versprühen der Engel-Aura-Essenz am nächsten Abend wieder aus und musste dafür büßen. Das Kind weinte wieder die ganze Nacht. Am darauf folgenden Abend setzte er die Engel-Aura-Essenz wieder ein und seine Tochter schlief erneut durch. Da seine Frau auch sehr skeptisch war, experimentierte er noch eine Zeit lang, bevor er an die Wirksamkeit der Engel-Aura-Essenz endgültig glauben konnte. Mit dem Ergebnis, dass das Kind endlich regelmäßig durchschlief.

Eine Bekannte erzählte Marianne von ihrem eineinhalbjährigen Enkel, dessen Brustkorb mit Warzen übersät war und dem niemand helfen konnte. Marianne gab ihr für die Eltern des Jungen ein Fläschchen Engel-Kombi-Öl No. 23 „Canael" zum täglichen Auftragen auf die Warzen mit. Nach kurzer Zeit erhielt sie die noch halbvolle Flasche wieder zurück: Die Warzen waren bereits verschwunden und kamen nicht wieder.

Ein paar Mal erhielt Marianne Besuche von depressiv verstimmten Frauen, die schon einige Behandlungen in einer Nervenklinik hinter sich hatten. Eine dort tätige Yoga-Lehrerin hatte ihnen Fußmassagen bei Marianne empfohlen. Nachdem sie mit den Frauen ausführliche Gespräche geführt hatte, machte Marianne mit ihnen zwei oder drei Sitzungen und legte ihnen während der Massagen eine der 49 Engelsymbol-Karten, die sie spontan gezogen hatten, auf den Körper auf. Mit Hilfe ihres Pendels testete sie als Unterstützung dazu die Engel-Kombi-Öle No. 14 „Corael" und No. 38 „Luciel", die ja auch für Fußreflexzonenmassage besonders geeignet sind, aus. Am Ende jeder Sitzung besprühte sie die Beine noch mit der Engel-Aura-Essenz „Erzengel Uriel". Das Ergebnis: Die Patientinnen stellten ein allgemeines Wohlgefühl fest, Kopfschmerzen und Ohrensausen waren verschwunden und die depressiven Verstimmungen verflogen.

Zwei Frauen, die an Brustkrebs erkrankt waren, baten Marianne um ihre Hilfe. Sie gab ihnen das Engel-Kombi-Öl No. 55 „Licael", für Massagen im Brustbereich und zur Anregung des Lymphflusses, mit. Die Ergebnisse waren erfreulich:

Bei der ersten Frau war in der folgenden Untersuchung bei jenem Arzt, der einen Termin für die bevorstehende Operation festlegen sollte, der Knoten nicht mehr vorhanden, er war gänzlich verschwunden.

Der zweiten, die sich dazu entschieden hatte, ihre Chemotherapie durchzuziehen, gab Marianne noch zusätzlich die Engel-Kombi-Essenz No. 02 "Nanael" als energetische Hilfe für seelische Notfälle mit. Sie ist mittlerweile aus der Therapie entlassen worden und gilt schulmedizinisch als geheilt.

Eine vierfache Mutter, die schon mehrere schwere Operationen hinter sich hatte, meldete sich zu Fußmassagen an und erfuhr von Marianne über die Hilfen aus der Engelwelt. Seit sie nun Schutzkreise mit den Engelsymbol-Karten 1 - 49 legt und diverse Engel-Kombi-Öle sowie Engel-Aura-Essenzen bei sich zuhause regelmäßig verwendet, haben sich ihre gesundheitlichen Probleme gelöst und sie fühlt sich wieder wohl und gestärkt.

Diese Frau hatte auch seit etwa 15 Jahren ständig Auseinandersetzungen mit ihrer Schwiegermutter. Seitdem sie einen Engelsymbol-Schutzkreis für diese gelegt hat, scheint die Welt für beide Frauen wieder in Ordnung zu sein und es gibt kaum mehr Differenzen. Auch ihre Kinder hatten häufig Probleme, und zwar in der Schule. Marianne bestellte bei Ingrid Auer Persönliche Engelsymbole zur Unterstützung, die sie ständig bei sich tragen: die Schulschwierigkeiten gehören seither der Vergangenheit an. Übrigens störte dieselbe Frau eine Warze am kleinen Finger: Das Engel-Kombi-Öl No. 34 „Canael" wirkte. Die Warze verschwand.

Eines Tages kam ein Hobbymusiker mit spastischen Lähmungserscheinungen zu Marianne. Sein Arbeitsplatz war energetisch stark durch Elektrosmog belastet und durch eine jahrelange körperliche Fehlhaltung beim Musizieren waren sowohl Muskulatur als auch Wirbelsäule in Mitleidenschaft gezogen worden. Er fürchtete, durch die Lähmungen eine dauerhafte Behinderung davonzutragen. Marianne empfahl ihm das Engel-Kombi-Öl No. 04 „Aniel" zur energetischen Entgiftung. Gleichzeitig erhielt er im Krankenhaus

Spezialmassagen zusätzlich zu Mariannes Qi-Gong-Übungen. Seither verbesserte sich sein Zustand kontinuierlich und er ist wieder voll arbeitsfähig.

Ein Bekannter, der in der Versicherungsbranche tätig ist, belastete in seiner Freizeit seinen Körper durch Extremsportarten mehr als ihm gut tat. Er litt häufig unter Entzündungen im Kniebereich und war daher ständig in medizinischer Betreuung, erhielt Medikamente und viele Massagen. Marianne gab ihm gegen seine Entzündungen das Engel-Kombi-Öl No. 28 „Cosiel" als Ergänzung zu seiner Massagecreme. Gegen besonders unangenehme Schmerzen empfahl sie ihm die Engel-Kombi-Essenz No. 01 „Lariel" als energetische Hilfe für körperliche Notfälle. Nach drei Wochen meldete er sich bei Marianne und erzählte ganz glücklich, dass er endlich wieder schmerzfrei sei. Er habe ein „neues Knie", wie er sagte. Begeistert von den Engelenergien erkundigte er sich, ob er beim nächsten Besuch seine Freundin mitbringen könne, da sie sehr an einer Hilfe interessiert wäre, weil sie an ihrem Arbeitsplatz mit Vorgesetzten und Kollegen Probleme habe. Beide ließen sich Persönliche Symbole von Ingrid Auer anfertigen, die Freundin bekam zusätzlich die Engel-Aura-Essenzen „Energetische Abgrenzung", „Energetische Reinigung" und „Erzengel Michael". Seither ist folgendes geschehen: Er erhielt eine interessantere und besser bezahlte Anstellung inklusive Dienstauto, und an ihrem Arbeitsplatz legten sich sämtliche Differenzen mit Vorgesetzten und Kollegen binnen kurzer Zeit.

Eine Frau, der mehrere Kinder gestorben waren, kam nach einem Krankenhausaufenthalt verzweifelt zu Marianne. Bluthochdruck und Panikattacken hatten ihr jeden Lebensmut genommen. Nach einem ausführlichen Gespräch empfahl ihr Marianne, die Engel-Kombi-Essenz No. 41 „Somiel" sowie die Engel-Aura-Essenzen „Erzengel Uriel" und „Erzengel Jophiel" zu probieren. Nach nur drei Tagen meldete sich die Frau: „Sie haben mir das Leben gerettet, ich fühle mich wieder gut und habe überhaupt keine Beschwerden mehr, ich fühle mich gesund und kann sogar wieder mit dem Auto fahren." Marianne empfahl ihr zur weiteren Verstärkung und Stabilisierung noch die Engelessenz No. 46 „Erzengel Raphael".

Vor einigen Monaten musste sich Mariannes Schwester einer Operation unterziehen. Sie war damit einverstanden, dass Marianne die Engel-Aura-Essenz „Erzengel Raphael" im Krankenzimmer versprühte. Weiters ließ Marianne für ihre Schwester ein Persönliches Engelsymbol für diese Situation von Ingrid Auer anfertigen. Der Effekt war, dass die Schwester ihre Angst vor dem Eingriff verlor und danach relativ schnell wieder aus dem Krankenhaus entlassen werden konnte. Übrigens: Die beiden Bettnachbarinnen, die das Geschehen miterlebt hatten, erbaten diese Engel-Aura-Essenz auch für sich und ihre Familien. Mariannes Schwester, die die aufwändige und anstrengende Pflege ihrer hochbetagten und häufig lebensüberdrüssigen Mutter übernommen hatte, klagte - bedingt durch die Belastungen - mehrmals über Schlaflosigkeit. Marianne versprühte daraufhin in den Wohn- und Schlafräumen die Engel-Aura-Essenz „Energetische Reinigung", stellte weiters die Medikamente der Mutter auf das Engelsymbol No. 4 „Engel für Reinheit und Klarheit" und klebte das Engelsymbol „Erzengel Michael" unter das Bett der Pflegebedürftigen. Zusätzlich legte Marianne bei sich zu Hause die Engel-Kombi-Symbole No. 59 „Ismael" unter ein Foto der Mutter, denn diese wünschte sich seit einiger Zeit zu sterben, obwohl sie gleichzeitig Angst davor hatte. Seitdem ist die alte Frau spürbar friedlicher und sogar gedanklich klarer geworden, wodurch sich auch die Pflege für Mariannes Schwester einfacher gestaltet.

Einigen Hilfesuchenden, die unter Bluthochdruck litten, konnte Marianne mit der Engel-Kombi-Essenz No. 46 „Koniel" langfristig helfen. Sie machte auch die Erfahrung, dass es spontan helfen kann, die Füße auf die roten Karten aus dem Set „Engelsymbole 1 - 49" zu stellen - die Überenergie wird so nach unten abgeleitet und nach zehn Minuten sinkt der Druck. Das sei allerdings - nach Mariannes Erfahrungen - nur eine kurzfristige und keine anhaltende Maßnahme!

Mariannes Hilfeleistung erfolgt gelegentlich auch übers Telefon. Ihre Unterstützung mit den Engelenergien hat sich bereits über die Grenzen ihrer Heimat hinaus herumgesprochen. Manche Bekannte aus Deutschland rufen an, wenn sie akute Probleme haben, lassen sich beraten und sogleich die ausgetesteten Engelessenzen, Engel-Kombi-Öle und Engelsymbole zuschicken. Einmal meldete sich sogar eine unbekannte Frau, die über Augenprobleme und Zwistigkeiten in der Familie klagte. Marianne testete für sie aus und sandte ihr die entsprechende Engelessenz zu. Aufgrund des guten Erfolges bestellte diese Klientin auch noch ein Persönliches Engelsymbol, das Engel-Kombi-Öl No. 25 „Cithael" zum Auflösen von karmischen Mustern und Verstrickungen innerhalb der Familie und lädt seither auch ihr Trinkwasser mit Hilfe der Engelsymbol-Karten auf.

Ein anderes Mal klagte eine Immobilienmaklerin über plötzliche absolute Erfolglosigkeit in ihrem Beruf. Marianne testete für sie die passende Engelessenz aus, und so unglaublich es klingen mag, seither ist die Frau wieder erfolgreich unterwegs.

Marianne hat eine Freundin, die ein Ferienhaus am Gardasee besitzt. Dorthin kam eine bekannte Malerin zu Besuch, die plötzlich unter dem Verlust ihrer Energie, Kreativität und Tatkraft litt. Marianne testete während eines Telefongesprächs aus, was hilfreich sein könnte und schickte ihr eine Engelessenz zu: Heute hat die Künstlerin mit ihren Ausstellungen wieder großen Anklang und Erfolg. Dieselbe Malerin rief Marianne einige Zeit später erneut um Hilfe: Ihr alter Hund wollte oder konnte nicht mehr aufstehen, nicht mehr bellen, kurz, sein Ende schien nah. Mit der Engelessenz "Erzengel Raphael" wurde er wieder gesund.

Der Mann dieser Frau stand Engelenergien immer skeptisch und ablehnend gegenüber. Als er jedoch die Genesung des Hundes so hautnah miterlebte, schien er seine Meinung zu ändern und verlangte für sich selbst umgehend die gleiche Engelessenz, die der Hund erhalten hatte. Seit dieser Zeit bezieht diese Familie fast laufend Hilfsmittel aus der Engelwelt für alle möglichen Anlässe und Bedürfnisse, Engel-Aura-Essenzen, Engelsymbole und Engel-Kombi-Öle. Nun liest man in dieser Familie auch die Bücher von Ingrid Auer mit Begeisterung.

Für Marianne selbst ist Erzengel Uriel ein geradezu unentbehrlicher Begleiter geworden, auf kurzen Fahrten ebenso wie auf langen Reisen. Sie führt das Engelsymbol von Erzengel Uriel ständig im Auto mit sich und trägt es auch am Körper, wenn sie auf große Reisen geht. Seitdem hat sie keine Schwierigkeiten mehr bei Klimawechsel, bei ungewohnter Kost, weder im Flugzeug, noch am Schiff oder im Bus und auch nicht auf noch so schwindelerregenden kurvigen Straßen. Auch der ungeliebte Jet-lag kann ihr längst nichts mehr anhaben. Anlässlich ihrer jüngsten Fernreise, auf der sie mit einer Gruppe in China kreuz und quer unterwegs war, machten selbst ihre Reisegefährten von der Engelessenz No. 47 „Erzengel Uriel", von der sie einige Tropfen mit ihren Getränken zu sich nahmen, eifrig Gebrauch: Kein einziger Mitreisender hatte Grund zu klagen, alle waren stets wohlauf.

Wie bereits oben erwähnt, machte Marianne vor einigen Jahren eine Ausbildung zur Qi Gong-Lehrerin, hält allerdings zurzeit keine Kurse ab. Gerne berät sie aber in Einzelsitzungen, welche Übungen im jeweiligen Fall unterstützend und hilfreich sein könnten. Vor und nach den Beratungen verwendet sie dabei die Engel-Aura-Essenz „Energetische Reinigung" in ihrem Arbeitsraum, um ihre Aura und ihre Privaträume von belastenden Energien zu reinigen und zu schützen.

Krankenpflege mit Engelhilfe

Astrid B., Jahrgang 1980, aus Meggen am Vierwaldstättersee, ist als diplomierte Pflegefachfrau (= Diplomkrankenschwester) in einem schweizerischen Kantonspital beschäftigt und gerade dabei, ihre Praxis als selbständige Energetikerin auszubauen. Ihre Mutter vermittelte ihr schon frühzeitig ein besonderes Interesse an der Erhaltung der Gesundheit, speziell an der Naturheilkunde. Astrid verschlang alles, was sie an einschlägiger Lektüre dazu in die Hände bekam. Als Pflegefachfrau entwickelte sich in ihr nach und nach der starke Wunsch, mit Engeln in Kontakt zu kommen und Beweise für ihre tatsächliche Existenz zu finden. Sie begann eine Ausbildung in Aura Soma und besuchte einen Kurs bei einer Engelbildmalerin, wo sie die „Engelsymbole 1 - 49" von Ingrid Auer kennen lernte.

Das war ein Schlüsselerlebnis für ihre Berufsplanung: In diesem Augenblick wusste sie, dass sie „Engel-Therapeutin" werden wollte, und nichts anderes. Im Internet entdeckte sie noch einen freien Platz für die Teilnahme am ersten Engel-Sommer-Camp mit Ingrid Auer und beschloss nach der Veranstaltung, ihre Tätigkeit im Spital zu reduzieren, um sich mehr auf die Ausbildung zur Energetikerin konzentrieren zu können. Bald darauf beendete sie die Pflegelaufbahn, fand sofort passende Räumlichkeiten und begann zu praktizieren.

Astrid setzte noch während ihrer Zeit als Pflegefachfrau im Spital die Engelenergien ein. Inoffiziell allerdings, ohne großes Aufsehen, nur mit stiller Duldung und Mitwissen der Kollegenschaft und der Vorgesetzten. In ihrer Akut-Chirurgischen Abteilung litten die PatientInnen oftmals unter Schmerzen, Schlafstörungen, Durchgangssyndrom (das ist eine kurzzeitige Verwirrung, wie sie zum Beispiel nach einer Operation auftreten kann) und Zukunftsängsten. Dadurch waren besonders die Nachtschichten immer sehr anstrengend und eine Herausforderung für das Personal.

Astrid experimentierte, indem sie Schutzkreise mit Engelsymbolen legte und die Engel-Aura-Essenzen „Energetische Reinigung" und „Erzengel Michael" in Kranken- und Stationszimmern versprühte. Bei Schichtwechsel von Nacht- auf Tagdienst und umgekehrt probierte sie die Engel-Aura-Essenz „Erzengel Uriel" aus. Die Ergebnisse waren ermutigend: Die Patienten reagierten auffallend beruhigt, mit deutlich geringeren Schmerzbeschwerden und mit längeren Schlafperioden. Die KollegInnen stellten an sich selbst ein Nachlassen der Belastungen fest, fühlten sich entspannter und konnten den beruflichen Stress leichter durchstehen. Ohne die näheren Umstände der Engelenergien zu kennen, ersuchten sie Astrid immer häufiger, die sogenannten „Power-Sprays" benutzen zu dürfen.

Astrid setzt die Hilfsmittel der Engel regelmäßig und konsequent für sich privat sowie in ihrer Praxis ein. Ihre KlientInnen wählen vor jeder Sitzung aus den Engelsymbolen und Engel-Kombi-Symbolen intuitiv das für sie passende Symbol aus, mit dem Astrid dann arbeitet. Aus ihren Erfahrungen hat Astrid bereits einige Grundsätze oder Regeln für sich ableiten können:

Zum Beispiel weist das Kindersymbol No. 09 „Engel Dunael" meist auf einen Geburtsschock oder auf Komplikationen bei der Geburt, etwa auf Kaiserschnitt, hin.

Wenn sich bei der Anwendung der Craniosakralen Schwingungstherapie Blockaden der Wellen aufbauen, können diese durch das Auflegen von Engelsymbolen oder mittels Engel-Aura-Essenzen rasch aufgelöst werden.

Ein weiterer Fall: Astrids ehemalige Vorgesetzte im Krankenhaus, die unter anderem auch eine Mannschaft für zivile Katastrophenfälle aufgebaut hatte, setzt nun regelmäßig diverse Engelhilfsmittel ein. Bei Team- oder Qualifikationsgesprächen bevorzugt sie die Engel-Aura-Essenz „Erzengel Gabriel", in kritischen Situationen legt sie überdies Engelsymbol-Schutzkreise und verwendet fallweise die Engel-Kombi-Essenz No. 43 „Loriel" („Die sieben Nothelfer"). Auch in ihrem privaten Bereich setzt sie die Engelsymbole gerne ein: Als Entscheidungshilfen, bei Diskussionen, im Familienkreis oder zum Beispiel um ihr Trinkwasser energetisch zu verbessern.

Engelhilfsmittel können auch Tieren helfen: Der Hund einer Seminarteilnehmerin litt unter einem Ausschlag im Bereich seiner Schnauze, dem veterinärmedizinisch nicht beizukommen war. Bei den Engelmeditationen während eines zweitägigen Seminars verhielt sich das Tier außergewöhnlich ruhig. Nach diesen zwei Tagen war der Ausschlag fast gänzlich verschwunden.

Kürzlich fasste Astrid den Entschluss, sich neuerlich, diesmal aber nur für eine Teilzeittätigkeit, an ihrem früheren Arbeitsplatz im Kantonsspital zu bewerben, weil sie ihr Fachwissen im Pflegebereich auffrischen wollte. Alle Plätze auf ihrer alten Station waren besetzt. Nun griff sie selbst zu den Engelsymbol-Karten und zog die Karte No. 21 „Engel für Beharrlichkeit und Erfüllung". Noch am Abend erhielt sie einen Anruf von einer Arbeitskollegin: In ihrem ehemaligen Team war plötzlich für Astrid eine Stelle frei geworden und sie nahm diese gerne an.

Vor drei Jahren machte Astrid eine sonderbare Reiseerfahrung. Sie verbrachte zusammen mit einigen Bekannten zwei Wochen auf

Kuba und besuchte dort einen Tanzkurs. Ihre beste Freundin und sie hatten im Gegensatz zu den anderen Reiseteilnehmern immer sehr saubere und einwandfrei funktionierende Hotelzimmer und Strandbungalows. Die anderen mussten sich mit Ungeziefer und teilweise defekten Installationen und Verschmutzungen herumschlagen. Um ihnen zu helfen wendete Astrid immer wieder die Engel-Aura-Essenzen „Energetische Reinigung" und „Erzengel Michael" an, worauf das Ungeziefer verschwand.

Vor der Heimreise sprühte Astrid vorsichtshalber ihren Koffer und das Gepäck ihrer Reisebegleiter mit der Engel-Aura-Essenz „Erzengel Michael" ein, damit diese unbeschädigt am Zielort ankämen. Nur ein männlicher Begleiter machte sich über diese Maßnahme lustig und lehnte dies ab. Anschließend checkte er genau zwischen Astrid und ihrer besten Freundin am Flughafen von Havanna ein. Die Koffer aller anderen Teilnehmer kamen schließlich heil in Zürich an, nur seiner landete in Madrid! Hat sich da Erzengel Michael wohl einen kleinen Spaß erlaubt?

Ein junger Kollege von Astrid erlitt bei einem Sturz einen derart komplizierten Bruch des Schlüsselbeines, dass ihm eine Metallplatte eingesetzt werden musste. Astrid versuchte, ihm über dieses traumatische Erlebnis mit Unterstützung der Engel und der „Wellentherapie" in ihrer Praxis zu helfen. Als er an dem Tag, bevor die Metallplatte wieder entfernt werden sollte, zu Astrid kam, um noch eine Engel-Wellentherapie in Anspruch zu nehmen, litt er zu allem Überfluss noch an einem starken Heuschnupfen.

In diesem Moment traten die Engel in Aktion: Er zog aus dem Kartenset, das ihm Astrid vorgelegt hatte, spontan die Engelsymbol-Karte No. 03 „Engel für Ruhe und Leichtigkeit". (In dem dazugehörigen Buch „Heilende Engelsymbole" finden sich - und das kann doch wohl kein Zufall sein - im Absatz über die „körperliche Entsprechung" unter anderem die Zuordnungen der Symbole zum

Schulterbereich und zu Allergien.)

Der junge Mann hatte beim Entfernen der Metallplatte aus seinem Körper keinerlei Probleme mit der Narkose und überstand die Operation blendend. Überraschenderweise durfte er noch am selben Tag das Spital verlassen. Er war sogar in der Lage, gleich einkaufen zu gehen und selbstständig zu kochen. Er ist nun felsenfest davon überzeugt, dass es Engel gibt, die helfen.

Engel für alle Lebenslagen

Eva Maria St., Jahrgang 1970, aus Wien, hat nach ihrer Gymnasialmatura ein EMA Studium (European Management Assistant) absolviert. Ihre Berufslaufbahn startete sie im Marketingbereich eines Immobilienunternehmens und danach in dem eines Kapitalanlagefonds, bevor sie sich zum Schritt in die Selbständigkeit entschloss: Als Trainerin und Coach für Persönlichkeitsentwicklung, für Motivationstraining, in Team- wie auch in Einzelbetreuung. Daneben betrieb sie ihre eigene Weiterbildung zur Energietherapeutin und Kreativ-Trainerin. Natürlich nicht zufällig, denn seit früher Kindheit verspürte sie einen Hang zur Spiritualität. "Man kann nie genug Engel haben", hatte ihr schon ihre Mutter gesagt.

Eva Maria kannte in der Nähe ihrer Wohnung einen Esoterikladen voller interessanter Dinge: Bücher, Gewürze, Dekorationen aus Asien und aus anderen fernen Ländern. Sie betrat ihn manchmal nur, um diese fremde und gleichermaßen anziehende Atmosphäre in sich aufzunehmen, zu stöbern, zu schauen, zu riechen, nicht immer, um etwas zu erwerben. Eines Tages erblickte sie in einer Ecke des Ladens Aura-Essenzen, von denen eine starke Energie ausging, und die sie magisch anzogen. Sie trat näher, um die Fläschchen genauer zu betrachten, und sie befragte die Verkäuferin, die sich aber damit nicht besonders gut auszukennen schien. Sie gab ihr bloß ein Informationsblatt in die Hand und den guten Rat, einfach das auszusuchen, von dem sie sich am stärksten angesprochen fühlte. Gesagt, getan. Eva Maria griff spontan nach der Engel-Aura-Essenz "Erzengel Chamuel", ohne zu ahnen, wozu die für sie gut sein sollte. Sie mochte einfach den Geruch, sie fühlte eine gute Energie und ihre angeborene Neugier trieb sie an, die Engel-Aura-Essenz sofort und an den folgenden Tagen auszuprobieren und auf mögliche Auswirkungen zu achten.

Was geschah? Eva Maria spürte, dass sie von einer sehr liebevollen Energie erfüllt wurde. Und gleichzeitig merkte sie, wie alte, längst vergangene und vergessene Vorfälle und Ereignisse, die ihr Leben nicht sehr freudvoll, sondern durchaus schmerzhaft geprägt hatten, in ihr hoch kamen und aufbrachen. Sie traten erneut auf, um endlich "erledigt" zu werden und Eva Maria davon zu befreien. Über allem, was Eva Maria jetzt aufwühlte, erschütterte und auch mit Traurigkeit erfüllte, lag aber ein großes und weites Gefühl, in dieser Energie geborgen, geschützt und gut aufgehoben zu sein. Als sie einige Zeit später - abends nach einem Theaterbesuch - auf dem Heimweg an dem vertrauten Esoterikladen vorbeikam, sah sie an der Tür einen Aushang mit der Ankündigung eines Seminars von Ingrid Auer. Da fasste Eva Maria den Entschluss, daran unbedingt teilzunehmen. Tags darauf meldete sie sich an, doch die Veranstaltung war schon ausgebucht. Durch den überraschenden Rücktritt einer Teilnehmerin wurde aber im letzten Moment noch ein Platz frei. Aus diesem Seminar entwickelte sich nicht nur Eva Marias starke Hingezogenheit zur Engelwelt und ihren Hilfen, sondern auch eine enge Freundschaft mit Ingrid Auer.

Noch im selben Jahr besuchte Eva Maria drei weitere Seminare bei Ingrid. Ihre Lust am Probieren, am Experimentieren mit Engelessenzen, Engelsymbol-Karten und Engel-Kombi-Ölen wuchs ständig weiter und wurde mit jedem Erlebnis, jedem Erfolg noch stärker. Dazu ein paar Beispiele:

Einmal gab es in der Familie einige recht unerfreuliche Auseinandersetzungen wegen einer Erbschaft. Die Sache zog sich in die

Länge und die widersprüchlichen Auffassungen belasteten alle Betroffenen mehr und mehr. Da besann sich Eva Maria auf die Schutzkreise mit Engelsymbolen. Sie formulierte ihre Wunschvorstellungen über eine gerechte Lösung der Streitigkeiten für alle Beteiligten und legte den Zettel in die Mitte des Schutzkreises. Zu ihrer Freude kam es genau zu der Lösung, die sie erhofft hatte, und alle Familienmitglieder waren damit schließlich zufrieden.

Eva Maria leidet manchmal unter Verspannungen und Muskelschmerzen im Nacken- und Schulterbereich. Ein hinlänglich verbreitetes Problem, nicht nur bei Erkältungen, sondern vor allem bei Stress, Überarbeitung oder psychischen Belastungen. Eva Maria entdeckte dafür Hilfsmittel: Sie verwendet die Engel-Kombi-Essenzen No. 01 „Lariel" bei körperlichem Notfall und No. 02 „Nanael" bei seelischem Notfall. Weiters sprüht sie die Engel-Aura-Essenz „Erzengel Raphael" über die schmerzende Körperstelle und legt das Engelsymbol von Raphael unter ihr Kopfkissen. Nach zwei Nächten ist sie meist wieder beschwerdefrei.

Manchmal, wenn Eva Maria als Leiterin oder auch nur als Teilnehmerin von Seminaren unterwegs ist, spürt sie am Abend, wie die Energien der ganzen Gruppe buchstäblich noch an ihr "kleben". Da sie sich in diesem Zustand nicht zur Ruhe begeben will, verwendet sie zuvor noch die Engel-Aura-Essenzen „Energetische Reinigung" und „Energetische Abgrenzung". Damit hat Eva Maria immer wieder sehr gute Erfahrungen gemacht. Sie fühlt sich wieder erfrischt, gereinigt an Leib und Seele und von neuer Energie erfüllt. Die Erschöpfung und der Stress sind jedenfalls vorüber.

Mehrmals schon kamen Klientinnen auf Eva Maria zu, deren Suche nach einem idealen Lebenspartner nicht den gewünschten Erfolg gebracht hatte. Trotz vielfältiger Bemühungen schienen ihre Vorstellungen unerreichbar zu sein. In einem Fall klagte eine Klientin, die schon jahrelang mit einem Partner liiert war, der viel im Ausland zu tun hatte, über seine mangelnde Bereitschaft, den Schritt in die Ehe zu wagen und eine Familie zu gründen. In diesem und in ähnlichen Fällen riet Eva Maria dazu, einen ganz ernsthaft gemeinten Brief an die Engel mit der Bitte um Hilfe zu richten und dieses Schreiben dann in einen Schutzkreis aus Engelsymbol-Karten zu legen. Sie empfiehlt auch, die Schutzkreise noch mit der Energie von ausgesuchten Kristallen zu kombinieren. Bisher folgten in allen Fällen die gewünschten Ergebnisse. In der geschilderten Situation kam es nach der dritten Sitzung zum Happy End: Der Mann fragte die Klientin, als er von seinem Auslandseinsatz heimkehrte, ob sie ihn heiraten und mit ihm ins Ausland ziehen würde. Natürlich wollte sie! In ihren Wohnräumen versprühte sie wiederholt die Engel-Aura-Essenz „Erzengel Gabriel" und mittlerweile erwartet sie Familienzuwachs. (Anm. der Autoren: Die Energie von Erzengel Gabriel half schon vielen kinderlosen Paaren zur Elternschaft.)

Eine gute Freundin von Eva Maria, die längere Zeit im Ausland gelebt hatte, wollte zurück nach Wien und begann eine Wohnung zu suchen. Aber nicht irgendeine, sondern ganz besonders sollte sie sein: In einem Innenbezirk von Wien gelegen, aber ruhig. Es sollte eine Altbauwohnung sein, die dennoch noch nie von Vorbesitzern bewohnt worden ist. Im Wohnzimmer sollte ein offener Kamin stehen und von der Küche aus sollte man ins Grüne blicken können. Das Schlafzimmer sollte einen Balkon haben und die Mietkosten sollten trotz allem niedrig sein. Kurz gesagt, sie wollte etwas Unmögliches. Diesen Wunsch schrieb die Freundin auf ein Stück Papier und legte einen Schutzkreis mit Engelsymbol-Karten rundherum. Das scheinbar Unmögliche geschah! Die Freundin wohnt heute in einer schönen Altbauwohnung im vierten Wiener Bezirk, von der Küche aus blickt man auf eine wunderschöne Baumkrone im Innenhof des Hauses, vom Schlafzimmer führt ein Balkon in den ruhigen Hof, im Wohnzimmer steht ein offener Kamin und der Mietpreis entsprach den Erwartungen und Möglichkeiten der Freundin. Es klingt unglaublich, und doch geschah es so.

Nun noch ein Tierbericht: Eva Maria besaß eine ganz liebe Labrador-Hündin, die für sie mehr war als eine Spielgefährtin. Sie war ihr sehr ans Herz gewachsen. Die Hündin konnte einfach verstehen, was Eva Maria wollte, was sie fühlte, und sie verhielt sich danach. Eines Tages bekam das Tier einen Hitzeausschlag, wenig später erkrankte es an Krebs. Die notwendige Operation führte leider nicht zur Heilung. Eva Maria, die selbst mitlitt und um das Leben ihres Lieblings zitterte und kämpfte, behandelte die Hündin mit den Engel-Kombi-Ölen No. 01 „Laricl", für körperliche Notfälle, und No. 02 „Nanael", für seelische Notfälle, legte einen Schutzkreis aus Engelsymbol-Karten unter den Hundekorb und besprühte die Aura der Hündin mit Engel-Aura-Essenzen. Das Tier konnte nicht mehr gesund werden, es schien als würde seine Zeit abgelaufen zu sein, aber mit Hilfe der Engel-Kombi-Öle brauchte es nicht zu leiden, spürte zum Erstaunen des Tierarztes ohne die üblichen Medikamente offenbar keinerlei Schmerzen und konnte in Frieden gehen.

„Engel sind wie allerbeste FreundInnen. Sie lieben dich so wie du bist, mit allem was du bist. Sie sind immer für dich da, wenn du sie brauchst und es gibt nichts, was du nicht mit ihnen besprechen kannst. Du darfst sie um alles bitten, was dir wichtig erscheint und wenn es angemessen ist, werden sie deine Wünsche erfüllen."

Mit viel Gefühl und Engelkraft

Ruth O., Jahrgang 1948, aus Gossau in der Schweiz, entstammt einer kinderreichen Arbeiterfamilie. Nach der Schule erlernte sie den Beruf einer Bürokauffrau. Als sie nach einigen Berufsjahren heiratete, bekam sie zwei Kinder und konzentrierte sich in der Folge auf die Doppelrolle als Hausfrau und Mutter. Als die Kinder die Oberstufe der Schule erreicht hatten, wandte sich Ruth wieder ihrer eigenen Weiterbildung zu und erlernte Medizinische Massage und Sportmassage, sowie das Coaching von Mannschaftssportlern.

Schon in frühen Jahren ahnte Ruth, dass sie möglicherweise über bisher unentdeckte Fähigkeiten verfüge, ohne sie aber konkretisieren oder in bestimmte Bahnen lenken zu können. Auf der unbestimmten Suche, ihr Potenzial zu orten, es irgendwie umzusetzen und ihren Weg zu finden, besuchte sie esoterische Seminare. So kam sie im Zuge einer Veranstaltung mit Penny McLean in St. Gallen erstmals in Berührung mit der Engelwelt. Obwohl sie dieser Bereich sehr ansprach, schien der Zugang, den die Seminarleiterin ihr eröffnete, nicht genau für sie zu passen.

In der Zwischenzeit hatte Ruth ihre Praxis als Masseurin eröffnet und vor allem in Einzelsitzungen gute Erfolge erzielt, sodass sie häufig weiterempfohlen wurde. Unter anderem betreute sie als Massage-Coach den schweizerischen Schi-Nationalkader vier Jahre lang.

Obwohl Ruth die ganze Bandbreite der Massagetechniken anbot, hatte sie stets das Gefühl, dass ihr noch etwas zur Vervollkommnung ihrer Tätigkeit fehlte, was sich aber nicht konkret definieren ließ. Da führte der „Zufall" Regie. Eine Freundin lud sie ein, mit ihr gemeinsam ein Engelseminar bei Ingrid Auer in Kirchberg zu besuchen. Das genau war es wohl, was Ruth noch brauchte. Sie lernte die Engelarbeit, das Engelwissen in einer einfachen, natürlichen und für sie wohltuenden Art und Weise kennen. Die Meditationen, die Vortragsweise, die Absicht und die Ideen gefielen ihr und entsprachen ihren Vorstellungen. Ruth besuchte folglich auch noch zwei weitere Seminare, die Ingrid Auer abhielt und lernte nach und nach alle Hilfsmittel, die die Engelwelt anzubieten hatte, von Grund auf kennen. Seither setzt sie Symbole, Essenzen und Öle sowohl im privaten Bereich, als auch in ihrer Praxis erfolgreich ein.

Einige Beispiele zeigen die Vielfalt und die Effizienz der Energien, die die Engel vermitteln, deutlich auf. Ruths Ehemann ist in dem Unternehmen, in dem er beschäftigt ist, für Qualitätskontrolle und Lehrlingsausbildung verantwortlich. Als er einmal mit seinem Vorgesetzten ein wichtiges Grundsatzgespräch führen sollte und ihn dessen gegensätzliche und widersprüchliche Einstellung zur Thematik eine besonders unangenehme und schwierige Auseinandersetzung befürchten ließ, gab Ruth ihrem Mann zur Vorbereitung die Engel-Aura-Essenzen „Energetische Reinigung" und „Energetische Abgrenzung" mit. Obwohl er den Engeln eher skeptisch gegenüberstand, griff er zu den Hilfen und konnte sich umgehend von der Wirksamkeit selbst überzeugen. Das Gespräch verlief in einer gelösten, entspannten Atmosphäre, er konnte seinen Vorgesetzten auch argumentativ von seinem Standpunkt überzeugen und seine Vorstellungen ohne Widerstand durchsetzen. Mit einem Wort: Er landete einen vollen Erfolg. Die Einstellung von Ruths Mann zu den Engeln hat sich damals von Grund auf geändert. Vor problematischen Situationen, nicht nur bei der Arbeit, hilft immer wieder auch der Einsatz der Engel-Aura-Essenz „Engelmeditation", in der die Energie von acht Erzengeln enthalten ist.

Eines Tages erschien ein prominenter Rechtsanwalt, der eine große Kanzlei mit vielen Mitarbeitern aufgebaut hatte, in Ruths Praxis. Es sei das erste Mal in seinem Leben, sagte er, dass er diesen Weg gewählt habe, voller Zweifel, ob das für ihn auch richtig sei. Der erfolgsverwöhnte Mann hatte Angst bekommen, Angst vor dem Tod: Die Ärzte hatten Prostatakrebs konstatiert und zu einer dringenden Operation gedrängt. Sollte er den Schritt wagen, und wenn ja, wo, in welchem Spital? Mit Engeln und ihren Energien hatte er ohnehin nichts „am Hut". Ruth fühlte sich in seine Situation hinein, verband sich mit den Engeln und konnte ihm den Rat geben, ein bestimmtes Spital in Westösterreich auszuwählen. Es war, wie sich nachträglich herausstellte, die Stadt, in der seine Tochter gerade studierte. Ruth schenkte ihm die Engel-Aura-Essenz „Engelmeditation" und die Engel-Kombi-Essenz No. 43 „Loriel („Die 7 Nothelfer") für Notfälle aller Art. Die folgende Operation verlief sehr gut und seither erfreut sich der Klient wieder eines ausgezeichneten Gesundheitszustandes. Ruth aber freute sich über den größten Blumenstrauß ihres Lebens, den er ihr aus Dankbarkeit für die Unterstützung überbringen ließ.

Vor etwa drei Jahren wurde Ruth von einem Sportfunktionär, der sie bei einem erfolgreichen Coaching seiner Mannschaft schätzen gelernt hatte, auf den tragischen Fall eines jungen Mannes aus seiner Nachbarschaft angesprochen. Noch keine 20 Jahre alt, hatte ihn ein Kopftumor erblinden lassen und sein Sprachzentrum befallen. Natürlich hatte Ruth dagegen kein Patentrezept. Zunächst legte sie ein Blatt Papier, auf das sie den Namen des Erkrankten schrieb, in die Mitte eines Schutzkreises mit Erzengelsymbolen. Sie bat alle Engel um ihren Beistand, vor allem Erzengel Gabriel und die Schutzengel des jungen Mannes, die ihm bevorstehende Operation zu überwachen und ihm zu helfen.

Fünf Tage nach dem Eingriff fuhr Ruth ins Krankenhaus und durfte den Patienten, obwohl sie mit ihm weder verwandt noch verschwägert ist, auf der Intensivstation besuchen. Sie erfuhr, dass als nächste Schritte eine Chemo- und eine Strahlentherapie geplant waren. Ruth fühlte, dass das in seinem Fall schädlich sein würde, konnte aber die Ärzte davon nicht überzeugen. So gab sie ihrem Schützling die Engel-Aura-Essenzen „Sonael" und „Erzengel Gabriel" und trug ihm auf, sie täglich über seinen Körper zu sprühen.

Weitere fünf Tage später erhielt Ruth einen Anruf der verzweifelten Mutter des jungen Patienten. Die erste Chemodosis war verabreicht worden und die Folgen schrecklich: Er hatte einen Hörsturz erlitten und das durch die Operation bereits wieder hergestellte Sehvermögen war neuerlich verlorengegangen. Ruth entschloss sich, sofort ins Krankenhaus zu fahren. Wieder gelangte sie problemlos in die Intensivstation und „ganz zufällig" traf sie am Krankenbett mit dem verantwortlichen Arzt zusammen. Sie konnte mit ihm ein wunderbares Gespräch führen. Die Chemotherapie wurde abgesetzt, die Strahlentherapie gar nicht erst begonnen. Der Arzt erzählte ihr, dass er während er den jungen Mann operierte ständig das eigenartige Gefühl hatte, als ob ihm dabei jemand ständig über die Schulter schauen würde. Nur Ruth wusste, wer das gewesen sein könnte. Übrigens, der junge Mann wurde wieder gesund. Er kann wieder gut sprechen, hören und sehen. Inzwischen hat er sogar die Reifeprüfung bestanden und spielt in der Trachtenkapelle seines Heimatortes fleißig mit.

Engel leisten Wunderbares

Marlene D., Jahrgang 1957, aus Aachen in Deutschland, ist verheiratet und Mutter zweier erwachsener Söhne. Als gelernte Pädagogin hat sie fünfzehn Jahre lang ein Jugendheim geleitet und außerdem ganz ungewöhnliche Sozialprojekte auf die Beine gestellt.

Zwei Beispiele, die für Marlenes Kreativität besonders signifikant sind: Mit arbeitslosen Fachkräften, Jugendlichen und Schülern wurde ein Küchenbetrieb aufgebaut, der sich gesunde Ernährung zum Ziel gesetzt hatte und Kindergärten, Schulen sowie Senioren mit Essen auf Rädern versorgte und zusätzlich sogar einen Partyservice betrieb. Um für Mädchen einen Selbstverteidigungskurs zu finanzieren, konnte sie eine große Zahl von Rauchern dazu bewegen, ihren täglichen Nikotinkonsum einzuschränken und das so Ersparte als Beitrag zu den Kurskosten der Mädchen zu spenden.

Während ihrer Jugendarbeit entdeckte Marlene weitere Interessensgebiete für sich, wie z. B. Homöopathie, Bachblütentherapie und Astrologie. Sie besuchte einige Lehrgänge, um sich weiterzubilden und arbeitete schließlich auf Einladung einer Heilpraktikerin als deren Teilhaberin im Bereich der pädagogischen Lebensberatung für Kinder und Jugendliche.

Scheinbar durch Zufall - aber Zufälle gibt es nicht, wie wir mittlerweile wissen - fiel ihr in einem Bioladen Ingrid Auers Buch „Heilende Engelsymbole" auf. Noch während der Lektüre entstand ihr Wunsch, die Autorin persönlich kennenzulernen, und prompt meldete sie sich zum nächstmöglichen Seminar in Österreich an. Danach besuchte sie alle Engel-Seminare in kürzester Zeit. Was sie besonders faszinierte? „Alle alternativen Therapieformen haben ihre Berechtigung und werden nicht in Frage gestellt. Dazu kommt unbedingtes Vertrauen in die Kraft von oben, zu sich selbst und in die Wahrhaftigkeit." Diese Grundsätze entsprechen ihrer tiefsten Überzeugung. Aus der Zusammenarbeit mit Ingrid Auer entwickelte sich eine enge Freundschaft und seit kurzem leitet Marlene die Firma „Lichtpunkt Deutschland".

Ihre Praxis basiert auf den Hilfsmitteln, die die Engelwelt über Ingrid Auer zur Verfügung stellt. Marlene sagt „dass Engelenergien wie die Stufen einer Treppe sind, die in die Energie des Schöpfers hineinführt. Wir, die wir alle das Fliegen verlernt haben, werden einstmals durch Lichtarbeit hohe Spiritualität erreichen und dann mit Leichtigkeit fliegen." Marlene vertritt eine neue, sehr zeitgemäße Astrologie, die sie mit Engelsymbolen und Engelessenzen in Verbindung stellt. „Nichts ist vorbestimmt, denn der Mensch kann sich frei entscheiden, doch die Wege werden vorgezeigt."

Nun einige Beispiele ihrer Erfahrungen: Vor einiger Zeit machte Marlene ein Weisheitszahn so sehr zu schaffen, dass sie sich in die Hände eines Zahnarztes begab. Sie wählte für den Eingriff, der ziemlich kompliziert zu werden schien, einen astrologisch günstigen Zeitpunkt. Der Arzt, vertraut mit Engelessenzen und Engel-Aura-Essenzen, setzte gezielt vier Hilfsmittel ein, und machte sich trotzdem auf einiges gefasst. Doch zur Freude und Überraschung beider, besonders zur großen Erleichterung Marlenes, war der Eingriff in drei Minuten vorbei und das alles ohne nachträgliche Folgen: Kein Bluten, keine Schwellungen, keine Schmerzen. Dafür gibt es keine medizinisch schlüssige Erklärung. Wer würde da nicht an die Hilfe aus der Engelwelt denken?

Marlenes betagter Vater wurde vor einigen Jahren wegen einer

Blasensteinentfernung ins Aachener Klinikum eingewiesen. Zu diesem Zeitpunkt litt er nach einer Gehirnblutung schon seit etwa zwei Jahren an zunehmender Vergesslichkeit. Die Operation verlief recht gut, doch noch am gleichen Abend erlitt ihr Vater aufgrund einer Elektrolytentgleisung einen epileptischen Anfall. Er atmete dabei Erbrochenes ein und wurde daraufhin in einen künstlichen Tiefschlaf versetzt.

Die Ärzte und das Pflegepersonal der Intensivstation waren sehr kooperativ. Marlene durfte ihren Vater so oft und so lange besuchen, wie sie wollte. In dieser Zeit arbeitete sie intensiv mit den Engelsymbol-Karten. Vor jedem Besuch zog sie drei Karten, die sie auf die angegebenen Chakren ihres Vaters legte. Es waren fast immer eine Erzengelsymbol-Karte und Karten für Karmaerlösung und Neuanfang.

Bei einem Besuch bemerkte sie, dass sich viele Emotionen in ihrem Vater gelöst hatten. Er weinte heftig, obwohl er im Koma lag. Sie fragte das Pflegepersonal, ob und wie dies möglich sei. Die Schwestern bezweifelten dies, kamen aber doch mit ans Krankenbett, um sich selber davon zu überzeugen. Sie waren sehr erstaunt und meinten, so etwas hätten sie noch nie erlebt. Während der schweren Zeit auf der Intensivstation spürte Marlene sehr stark die Anwesenheit der Engel. Sie waren ihr eine große Unterstützung.

Nach dem Klinikaufenthalt litt ihr Vater ein halbes Jahr lang unter einer teilweisen Amnesie sowie an Halluzinationen und es vollzog sich eine starke Wesensveränderung in ihm. Medizinische Hilfe lehnte er zum damaligen Zeitpunkt strikt ab. Auch Marlene hatte kaum noch Zugang zu ihm. Während eines Psychiatrieaufenthaltes stärkte sie ihn und auch sich selbst täglich mit den Engel-Aura-Essenzen „Energetische Reinigung" und „Erzengel Gabriel". Sein Zustand besserte sich, sodass er schließlich entlassen werden konnte. Die Wesensveränderung blieb jedoch bestehen. Eines

Tages erschien das Engel-Kombi-Symbole-Set No. 59 „Ismael", für Sterbebegleitung, immer wieder vor Marlenes geistigem Auge. Diese Symbole hatten sie von Anfang an sehr angesprochen.

Sie legte alle sieben Engel-Kombi-Symbole auf ein Foto ihres Vaters und wartete gespannt ab. Marlene durfte dies tun, da ihr der Vater Jahre zuvor die Vollmacht gegeben hatte, im schweren Krankheitsfall für ihn Entscheidungen zu treffen. Nach zwei Tagen bemerkte sie eine kleine Veränderung. Ihr Vater, der zum damaligen Zeitpunkt kaum mehr Interesse an seiner Umgebung zeigte, beteiligte sich erstmals wieder an einem Gespräch. So ganz mochte sie es noch nicht glauben, dass dies auf den Einsatz der Engelsymbole zurückzuführen war.

Marlene wartete noch drei Tage ab, dann sprach sie ihren Mann und ihren Bruder auf den Zustand und das Verhalten ihres Vaters an. Auch ihnen war die Veränderung aufgefallen. Von Tag zu Tag traten seine positiven Charaktereigenschaften mehr und mehr zu Tage. Sechs Wochen später kehrte er wieder in sein gewohntes Dasein zurück. Seine Vergesslichkeit war geblieben, aber er führte ein zufriedenes und ausgeglichenes Leben weitere sechs Jahre lang. Er erkannte seine Enkel wieder, las und diskutierte über Politik und Zeitgeschehen und fand Interesse an seinem Umfeld. Die Ärzte konnten sich die Veränderung ihres Vaters nicht erklären. Die Erklärungen seiner Tochter konnten sie leider nicht zulassen, sondern belächelten sie wohlwollend. Marlenes Vater starb im Mai 2008. Die Engel-Kombi-Symbole No. 59 „Ismael" waren bis zu seinem Tod auf seinem Foto liegen geblieben.

Besonders berührend sind die Erfahrungen Marlenes mit einem jungen Mädchen. Kirsten war ein kerngesundes Baby, bis sie im Alter von 15 Monaten gegen Masern-Mumps-Röteln geimpft wurde. Petra R., Kirstens Mutter, erinnert sich: „24 Stunden nach der Impfung begann meine Tochter plötzlich zu krampfen, diese Anfälle wiederholten sich im Laufe der Zeit immer öfter. Damals war mir nicht klar, was diese Erkrankung für unser aller Leben bedeuten würde. Nichts sollte mehr so sein, wie es vorher war. Die ganze Familie musste sich der Herausforderung stellen. Verdrängung, Flucht in den Alkohol, Trost durch übermäßiges Essen bis hin zu Ignoranz, alle Reaktionen waren vertreten."

Kirsten litt an Epilepsie und hatte Grand-Mal-Anfälle, was Atemstillstand bis zu zwei Minuten, Sturzanfälle, zuckende Bewegungen des Körpers, verdrehte Augen usw. auslöste. Darauf folgte eine totale Erschöpfung. Das Tückische daran war, dass die Anfälle in Serie kamen. Bis zu 17 Anfälle in 24 Stunden. Unterbrochen wurden die Serien durch ärztlich angewandte Luminal-Injektionen (Luminal ist ein Schlafmittel). Kirsten litt große Schmerzen, wenn die Nadel in ihren Körper drang. Es war eine einzige Tortur. Nach ein oder zwei Spritzen hatte Kirsten nur kurz Ruhe, denn nach drei bis vier Tagen ging alles wieder von vorne los.

Kirsten war insgesamt fünfmal auf der Intensivstation, ihr längster Krankenhausaufenthalt in der HSK-Klinik Wiesbaden betrug elf Wochen. Ihre Venen sind von den vielen Blutabnahmen ganz vernarbt. Die Nebenwirkungen der Medikamente reichten vom fast vollständigen Haarverlust, über Gewichtsverlust von 20%, bis hin zu Zahnfleischwucherungen und Sprachverlust über die Dauer von eineinhalb Jahren. In dieser Zeit hatten die Mediziner fast alle Wirkstoffe in allen erdenklichen Kombinationen an dem Kind getestet. Die schulmedizinischen Prognosen für Kirstens Gesundheitszustand waren düster. Kirsten ging es immer schlechter. Die Situation wurde im Laufe der Jahre immer dramatischer.

Kirstens Mutter führte weiter aus: „Ich möchte unseren Leidensweg, und ich betone unseren, nicht im Detail beschreiben. Mir wird immer noch körperlich schlecht, wenn ich an all die Qualen, Schmerzen und Leiden denke, die Kirsten während unzähliger stationärer

Krankenhausaufenthalte durchmachen musste. In dieser Zeit habe ich mein Kind leiden sehen und war ohnmächtig, ohnmächtig vor Wut, dann vor Trauer. Ich kann von Momenten der tiefsten Traurigkeit und Hoffnungslosigkeit berichten, von Fragen nach dem Sinn des Lebens.

Hoffnung hat mir gegeben, dass ich nie aufgehört habe, um Hilfe zu bitten: Gott, Wesenheiten, Überirdische, und Menschen, die halfen, uns aus dieser Umklammerung zu befreien. Wir bekamen Hilfe und Unterstützung durch einen wunderbaren Professor aus Wiesbaden, der immer menschlich geblieben ist, durch liebevolle Therapeuten, Erzieher oder LehrerInnen.

Die positive Veränderung kam jedoch im Mai 2002. Da entdeckten wir die Engel durch die Engelsymbol-Karten von Ingrid Auer. Gleichzeitig lernten wir auch die Aachener Kinesiologin Marlene D. kennen, die in Kombination mit den Engelsymbol-Karten und Engelessenzen kinesiologisch mit uns arbeitete. Parallel dazu begann Margit S., aus Amstetten in Österreich, über eine Strecke von 800 km fernenergetisch mit Kirsten zu arbeiten."

Kirsten hat zu diesem Zeitpunkt ihre große Liebe zu den Engeln entdeckt. Sie schlief in ihrem Bett auf den Engelsymbolen „Erzengel Raphael", „Erzengel Michael" und „Erzengel Chamuel". Beim Gute-Nacht-Kuss wurde allabendlich die Engel-Aura-Essenz „Engelmeditation" gesprüht. Manchmal entschied sie spontan: „Heute schläft Uriel bei mir." Also wurde diese Engelsymbol-Karte auf ihr Kopfkissen gelegt. Kirsten ordnete auch die Engelessenzen im Regal und arbeitete mit ihnen. Sie wusste immer, was sie im Moment gerade brauchte. Mit dem Kinder-Engel-Buch beschäftigte sie sich weniger, ihre Favoriten waren die Symbole 1 - 49.

Wie durch ein Wunder ist Kirsten seit März 2004 bis heute frei von Anfällen geblieben. Sie kann wieder sprechen und geht zur Schule.

Mit Hilfe von Engelessenzen, Engelsymbolen und Engelsymbol-Karten konnte sie nach und nach von ihren Beeinträchtigungen und Leiden befreit werden. Heute ist sie ein fröhliches Mädchen und in ihr soziales Umfeld gut integriert

Engelsbotschaften im Internet

Daniela H., Jahrgang 1966, aus St. Johann in Tirol, war nach der Handelsakademie-Matura zunächst in einem kaufmännischen Beruf tätig. Als ihr erstes Kind zur Welt kam, begann sie sich für Pädagogik zu interessieren, und absolvierte die Montessori-Ausbildung. Da sie später für ihre Tochter keinen Platz im Englischen Kindergarten erhielt, gründete sie in Wien selbst mit Hilfe ihres Ehemannes das erste deutschsprachige Montessori-Kinderhaus. Darüber hinaus hielt sie Vorträge und Seminare für Eltern und Kindergärtnerinnen mit dem Schwerpunkt auf Montessori-Pädagogik. Heute ist die Mutter dreier Kinder im Unternehmen ihres Mannes für mehrere Bereiche verantwortlich.

Neben Beruf und Familie findet die Powerfrau Daniela noch immer Zeit für ihre spirituellen Interessen. So hat sie sich nicht nur im Laufe der Jahre zur Reiki-Meisterin entwickelt, sondern auch mit anderen alternativen Methoden wie Omega Health Coaching, CQM (Chinesische Quanten Methode), Ayurveda, Homöopathie, Bachblüten, Kinesiologie sowie eingehend mit Astrologie beschäftigt.

Ihr persönlicher Zugang zur Engelwelt ergab sich aus ihrem Unbehagen, das sie auf ihre „energetische Dünnhäutigkeit" bezüglich gewisser Farben, Stoffe und Körperpflegeartikel zurückführt. Auf der Suche nach möglichst schonenden Produkten für diese besonderen Empfindlichkeiten, fiel ihr in einem Wiener Fachgeschäft die

Engel-Aura-Essenz „Erzengel Michael" in die Hand, die sie ganz spontan und ohne sich besonders eingehend darüber zu informieren, einfach anzuwenden begann. Ebenso spontan griff sie zu einer weiteren Engel-Aura-Essenz, der von „Erzengel Chamuel", und siehe da, die Überreaktionen vergingen, die Essenzen taten ihr einfach gut.

Aufgrund dieser einschneidenden Erfahrungen wünschte sie sich, bald an einem Seminar von Ingrid Auer teilzunehmen. Ein kurzer Anruf genügte, denn durch den plötzlichen Rücktritt einer bereits angemeldeten Teilnehmerin war ein Platz freigeworden, und schon konnte Daniela binnen kurzer Zeit sogar alle drei aufeinanderfolgenden Ausbildungsseminare besuchen.

Als sie eines Nachts aus dem Schlaf erwachte, schien sie plötzlich alle Zusammenhänge ihres Lebens in ihrer Ganzheit klar zu erfassen, warum und wozu sie was gelernt und erfahren hatte. Sie empfand ein sehr bestimmtes Gefühl, zur Engelwelt hingeführt zu werden.

Einige Zeit später, eines Morgens noch im Halbschlaf, erhielt sie den Impuls, eine Website zu kreieren. Der Gedanke ließ sie nicht mehr los. Binnen weniger Tage entstand in ihren Vorstellungen eine Homepage in deutlichen Bildern. Darin durften auch Hinweise auf Ingrid Auers Engelenergien nicht fehlen. Daniela entwickelte mit Zustimmung von Ingrid E-Mail-Workshops, damit die TeilnehmerInnen die Arbeit mit Engelsymbolen spielerisch in ihren Alltag integrieren können. Danielas Rolle dabei war es, als ein „verlängerter Arm von Oben" zu agieren und Meditationen zu leiten.

Die Grundideen für ihre Workshops lagen darin, einerseits eine „Hilfe" zu kreieren, mit der die TeilnehmerInnen leicht, unkompliziert und ohne viel Zeitaufwand täglich üben konnten, die Engelenergien und die Engelsymbole im Alltag anzuwenden und einzusetzen, und andererseits das Wissen über Engelenergien und über die Engelsymbole mit Achtsamkeitsübungen und Meditationen zu verbreiten. Die Workshops erfreuen sich einer großen Beliebtheit und einer hohen Beteiligung. Täglich werden in wechselnder Folge nach und nach alle Engelsymbole besprochen, behandelt und vor allem „erfühlt".

Von Seiten der TeilnehmerInnen entwickelte sich sehr bald das Bedürfnis, untereinander intensive Kontakte herzustellen, sich auszutauschen und die Erfahrungen mit den Symbolen weiterzugeben. So entstand binnen kurzer Zeit ein Internet-Forum, an dem mittlerweile bereits sehr viele Menschen teilnehmen. Für die meisten TeilnehmerInnen ist das Engel-Forum sogar zu einem festen Bestandteil ihres Tagesablaufes geworden, der nur wenige Minuten in Anspruch nimmt. Man erfährt täglich Neues über Erlebnisse und Ergebnisse der anderen mit Engelenergien, man kann eigene Erfahrungen einbringen, und wenn man will, bleibt man anonym: Ein idealer Zugang für Neugierige, für Vorsichtige und für Neueinsteiger.

Danielas Erfahrungen zeigen, dass nahezu alle, die einmal damit in Kontakt kamen, dran bleiben, nicht mehr darauf verzichten wollen und die Workshops und Foren als eine Bereicherung ihres Alltags schätzen.

Hier ein paar signifikante Beispiele für Themen aus dem Erfahrungsaustausch:

- Energetische Unterstützung für wichtige Gespräche
- Cutting-Kreise, um Muster und Bindungen loszulassen
- Energetische Reinigung der Wohn- und Arbeitsräume
- Energetisierung des Trinkwassers und des Badewassers
- Energetisierung, Entstörung und „energetische Reinigung" von Lebensmitteln

- Strahlungsschutz bei Verwendung von PCs, Laptops, Handys und Fernsehgeräten
- Verbesserung der Konzentrationsfähigkeit im Beruf und in der Schule
- Energetische Vorbeugung gegen Erkrankungen
- Engelsymbol-Schutzkreise
- Ablegen von lästigen Gewohnheiten

Daniela nützt die Möglichkeiten natürlich auch für sich selbst und überlässt es ihren Familienmitgliedern, ob sie die aus der Engelwelt angebotenen Hilfsmittel annehmen wollen: Ihre Tochter steht dem Ganzen vorsichtig bis ablehnend gegenüber, der ältere Sohn beschäftigt sich fallweise damit, der jüngere jedoch arbeitet selbstständig sehr aktiv und erfolgreich mit Engelsymbolen und Engelessenzen. Ihr Ehemann lässt sich damit gerne bei privaten und beruflichen Fragen von ihr unterstützen. Bei ihren Bekannten und Verwandten wird Daniela nur dann hilfreich tätig, wenn sie darum gebeten wird oder die Umstände es so ergeben.

Dazu sei hier beispielhaft ein besonderer Fall angeführt: Eines Tages wurde Daniela von einer Bekannten angesprochen, die gehört hatte, dass sie einen „Zugang zu Engeln" habe. Sie erzählte von ihrer Großmutter, die schon wochenlang im Sterben lag und von ihrer Mutter, die große Angst hatte, sie zu verlieren. Die Situation war für alle Betroffenen nur sehr schwer zu ertragen. Daniela war bereit, einen Engelsymbol-Schutzkreis für die Sterbende zu legen, um ihr einen Abschied in Ruhe und Frieden zu ermöglichen. Bereits in der folgenden Nacht konnte die Großmutter ruhig entschlafen. Ihre Angehörigen fühlten sich „begleitet" in ihrem Loslassen und obwohl die Trauer groß war, war sie etwas leichter zu ertragen. In zwei sehr ähnlich gelagerten Fällen konnte Daniela auf die gleiche Art und Weise Hilfe leisten.

Physiotherapie und Engelenergien

Andreas G., Jahrgang 1959, aus Altona bei Hamburg, kann auf eine durchaus ungewöhnliche persönliche Entwicklung zurückblicken: Nach der Gymnasialmatura begann er ein Studium der evangelischen Theologie, brach dieses ab, konvertierte zum Buddhismus und studierte buddhistische Philosophie und Psychologie.

Auch sein beruflicher Werdegang ist ein sehr ungewöhnlicher: Andreas ist staatlich examinierter Physiotherapeut, darüber hinaus biodynamischer Körpertherapeut und ausgebildet in Craniosakraltherapie sowie Osteopathie. Nach einer zweijährigen Phase des Erfahrungsammelns in einer ärztlichen Praxis hat er sich selbständig gemacht. Mit Ärzten steht er in permanentem Kontakt und Erfahrungsaustausch und versucht, seine persönlichen Lebensziele in die tägliche Arbeit mit seinen Klienten einfließen zu lassen: Inneren Friede, sorgsamen Umgang mit dem Bewusstsein und eine gute „Verkörperung".

Als ihn binnen kurzer Zeit einige schwere Schicksalsschläge trafen, geriet er selbst in eine tiefe Krise, die sich psychisch und physisch drastisch auswirkte. In dieser Notsituation, als er sich verzweifelt „nach oben" wandte, stieß er in einem Buchladen „ganz zufällig" auf die Engelsymbole von Ingrid Auer. Er meinte, in ihnen eine besondere Energie zu verspüren, erwarb das Buch samt dem dazugehörenden Kartenset, und begann ab diesem Zeitpunkt mit den Symbolkarten täglich intensiv zu arbeiten.

Bald konnte er die heilsame Wirkung gleich an sich selbst erfahren, als ihn starke Rückenschmerzen quälten. Andreas wählte drei Engelsymbole ganz spontan aus und legte sie täglich auf Herz, Solarplexus und Unterbauch auf. Innerhalb einiger weniger Tage lösten sich ganz ohne Zutun von Medikamenten seine schmerzhaften Blockierungen im Bereich der Wirbelsäule und im Darmbereich. Sein „Hexenschuss" verabschiedete sich rasch und nachhaltig. Andreas beschreibt das so, als hätte er das tiefe Gefühl empfunden, als ob sich die betroffenen Körperstellen „aufgelöst" hätten. Das geschah im Jahr 2006 und bis heute ist er von derartigen Probleme befreit.

Diese Erfahrungen bewogen Andreas dazu, sich noch intensiver mit Engelenergien zu befassen. Zunächst besuchte er in Hamburg ein Schutzengelseminar, wo er Marlene Damblon kennenlernte, welche die von Ingrid Auer bereitgestellten Hilfsmittel aus der Engelwelt in Deutschland verbreitet. Diese Begegnung animierte ihn, zwei Seminare über Engel-Transformations-Symbole und Engel-Kombi-Symbole zu belegen, wobei er sich auch mit der Anwendung von Ölen und Essenzen vertraut machte.

Auf Grund seiner Überzeugung von der Effizienz dieser Hilfsmittel war nun für Andreas der Zeitpunkt gekommen, diese auch in seiner Praxis all jenen Menschen anzubieten, die das wünschten. Dazu zwei unterschiedliche, aber sehr eindrucksvolle Beispiele aus seinem Erfahrungsschatz.

Vor einiger Zeit erschien eine Dame bei Andreas in der Praxis. Ihr Zahnarzt hatte festgestellt, dass die Schmerzen von einer Allergie gegen das Füllmaterial ihrer Zähne herrührten. Ein Fall für den Zahnarzt oder doch für einen Therapeuten? Andreas konnte erkennen, dass die Engelessenz „Erzengel Raphael" hilfreich sein würde, mit der die Patientin regelmäßig ihren Mund spülen und die Essenz auch oral verwenden sollte. Ab dem Beginn dieser Behandlung besserten sich die Beschwerden allmählich und die

Organbelastung verschwand. Die Patientin benötigt heute keine Medikamente mehr.

Auch in einem zweiten Fall, ähnlich gelagerten Fall, konnte Andreas mit seiner Arbeit und den Engelmitteln helfen. (Das persönliche Tagebuch dieser „Engelbehandlung" sowie die ärztlichen Befunde vor und nach dieser Zeit hat die Betroffene den Autoren in Kopie zur Verfügung gestellt):

Eine Patientin klagte über Schmerzen in der Schulter, die sie schon über einen längeren Zeitraum geplagt hatten. Der Zustand hatte sich durch das Tragen eines schweren Gegenstandes so sehr verschlechtert, dass sie plötzlich ihren Arm nicht mehr heben konnte und die Schmerzen unerträglich wurden. Sie musste die Notaufnahme eines Krankenhauses aufsuchen. Die Befunde ergaben, dass das Schultergelenk teilweise verkalkt und die Beweglichkeit durch einen Sehneneinriss noch zusätzlich beeinträchtigt worden war, sodass ein dringender Eingriff vorgeschlagen wurde. Eine Operation schien unvermeidlich.

Die Dame hatte bereits zu Hause einen Schutzkreis mit den Erzengelsymbol-Karten und mit dem Meistersymbol „Kwan Yin" gelegt, als sie eines Morgens zu Andreas in die Praxis kam. Er versuchte der Frau zu helfen, verwendete während seiner der Behandlung das Engelsymbol No. 44 „Erzengel Chamuel" und arbeitete mit ihr zum Thema „Liebe annehmen". Da er intuitiv fühlte, dass hinter der Blockade ein Kindheitsthema verborgen sein könnte, riet er ihr, zu Hause noch mit den Engel-Kombi-Symbolen No. 03 „Hariel" zu arbeiten sowie das Engelsymbol „Schutzengel" auf die Schulter zu kleben. Zusätzlich testete er ihr die Engel-Kombi-Öle No. 01 „Lariel" und No. 02 „Nanael" aus und gab ihr diese zum Einmassieren nach Hause mit. Darüber hinaus sprach sie täglich eine Affirmation zu ihrem Thema. Noch am Abend desselben Tages konnte sie ihren Arm zum ersten Mal ein wenig anheben.

Nach drei weiteren Tagen konnte sie erstmals wieder mit Messer und Gabel essen, wiederum drei Tage später - und einer weiteren Behandlung bei Andreas - konnte sie den Arm schon über ihren Kopf hochheben. In dieser Behandlung erkannte sie mit Hilfe von Andreas, dass die emotionalen Hintergründe und Ursachen ihres Problems in der Kindheit zu suchen waren. Am Abend desselben Tages griff sie spontan und ohne an ihre Bewegungseinschränkung zu denken, mit dem betroffenen Arm in einen Schrank über ihrem Kopf.

In der Folge arbeitete sie mit Hilfe der „Engelsymbole für Kinder" an ihrem Inneren Kind, um noch einige emotionale Blockaden aus ihrer Kindheit zu lösen. Nach weiteren neun Tagen fühlte sie sich völlig schmerzfrei und ging zuversichtlich zur nochmaligen Untersuchung ins Krankenhaus.

Die Ärzte stellten überrascht fest, dass sich die Verkalkung innerhalb von nur 21 Tagen zur Gänze aufgelöst hatte und die verletzte Sehne verheilt war. Da sie sich das Geschehen nicht erklären konnten, empfahlen sie sicherheitshalber, die physiotherapeutische Behandlung zur Stabilisierung der wiedergewonnenen Bewegungsfreiheit noch eine Weile fortzusetzen.

Niemand, auch nicht Andreas, findet für die geschilderten Vorgänge eine einfache und plausible Erklärung. Er verweist schlicht auf sein Urvertrauen in die Kraft der Engel, das keine Zweifel aufkommen lässt und ihn darin bestärkt, den eingeschlagenen Weg weiterzugehen. Für seine persönlichen Themen nützt er gerne die Kraft der Meister-Aura-Essenzen „St. Germain", „Lady Rowena" und „Lady Nada", da er fühlt, wie sie ihn unterstützen. Mit Spannung und freudiger Erwartung sieht er den weiteren, neuen Ergebnissen seiner zukünftigen Arbeit vertrauensvoll entgegen.

Engel lieben Leichtigkeit

Brigitte H., Jahrgang 1963, aus Basel, ist seit vielen Jahren als freischaffende Kursleiterin tätig und hat eine eigene Praxis mit Schwerpunkten auf energetisch-medialer Beratung sowie Behandlung in Gruppen- und Einzelarbeit. Im Laufe ihrer Tätigkeit unterstützte sie viele Menschen bei der Lösung von Persönlichkeits- und Beziehungsfragen, Berufs- und Schulproblemen oder auch bei körperlichen Beschwerden. Zu ihr kommen Menschen, welche „sich selber auf der Spur" sind. Ihre Arbeit entwickelt sich täglich weiter, denn die Geistige Welt ist reich an neuen Impulsen.

Brigittes Zugang zu den Engelenergien von Ingrid Auer erfolgte, wie bei manch anderen auch, über den Besuch eines Buchladens. Sie war auf der Suche nach kraftvollen Texten und fand diese Kraft, als sie spontan eine Meditationsreise aus dem Set „Heilende Engelsymbole 1 - 49" las. Das beigefügte Kartenset erschien ihr vorerst nebensächlich. Zu Hause entdeckte sie dann die Bedeutung der Karten. Kaum hatte sie diese zur Hand genommen, begann ein Gefühl der Wärme ihren ganzen Körper zu durchströmen, was sie sehr irritierte. Vor allem, weil sie eine Karte auf den Brustbereich gelegt hatte und das rechte Knie warm zu kribbeln begann. Später ließ sie über ein Channelmedium die „Echtheit" der Karten überprüfen und beschloss dann, Ingrid Auer persönlich kennen zu lernen. Sie meldete sich zu einem Seminar an, auf dem sie besonders an den Meditationen großen Gefallen fand. Sie spürte die Leichtigkeit und Authentizität der Engelenergien. Umgehend erwarb sie voll Begeisterung und fest überzeugt von der starken Wirkung viele der Hilfsmittel, die die Engelwelt Ingrid Auer zur Verfügung gestellt hatte, und absolvierte ergänzend noch eine mediale Ausbildung. Daraufhin löste sie sich allmählich von der Biografiearbeit[4], die sie bis dahin mit großem Einsatz betrieben hatte, und setzt in ihrer Praxis nunmehr konsequent die Engelenergien ein. Die Symbolkarten lässt sie von den KlientInnen selbst aussuchen und erarbeitet dann mit ihnen zusammen die entsprechenden Hintergrundthemen und Blockaden.

Die Engelessenzen probierte Brigitte anfangs nur für sich persönlich in allen erdenklichen Varianten aus und setzte sie auch zum Einschwingen in ihre Klangpyramide erfolgreich ein. Die Amneela-Klangpyramide, einem alten, atlantischen Heilinstrument nachempfunden, besteht aus energetisiertem Glas und erzeugt Klänge, deren Schwingungen direkt in die Zellflüssigkeit hineinwirken. Nun bietet Brigitte diese Kombination aus Engelessenzen und Klangpyramide ihren KlientInnen an. Im Zusammenwirken von Engelessenz und Klang wird die Aura direkt gefüllt, es lösen sich Blockaden und manche KlientInnen können unmittelbar nachfühlen, was mit ihnen geschieht und spüren den Klang im physischen Bereich wohltuend als Erdung, oder als ein „Im-Körper-wieder-angekommen-Sein".

Einige weitere konkrete Beispiele gab Brigitte aus ihrem Erfahrungsschatz gerne preis: Das Einstiegserlebnis in die energetische Arbeit „bescherte" ihr eine Freundin. Telefonisch teilte sie Brigitte mit, dass ihr Mann gerade wegen eines Herzinfarkts ins Krankenhaus eingeliefert worden war. Sie bat darum, ihren Mann mit Hilfe der Klangpyramide fernenergetisch zu betreuen, was Brigitte dann auch unverzüglich tat. Beim Einschwingen bekam sie von der Engelwelt die klare Durchsage, dass es sich bei ihm um keinen Herzinfarkt handle, sondern dass sich das Herzchakra gerade stark öffnete, in diesem Fall ein offenbar schmerzhafter Prozess.

---

[4] Biografiearbeit ist eine anthroposophische Therapiemethode, welche Lebensabschnitte und Lebensereignisse nach bestimmten Gesichtspunkten untersucht und aufbereitet.

Brigitte teilte dies ihrer Freundin mit, was diese mit großer Erleichterung aufnahm. Und so wurde die Familie energetisch während der nächsten Wochen von Brigitte begleitet, was auch die achtjährige Tochter fühlen konnte und an die anderen Familienmitglieder weitergab: „Brigitte schickt uns alle Engel!" Wochenlang dauerten die Untersuchungen und die Ärzte standen vor einem Rätsel. Kein Herzinfarkt weit und breit, obwohl die Anzeichen dafür gesprochen hatten. Die Freundin fühlte sich von den Engeln sehr unterstützt, spürte, dass geholfen wurde, und war in dieser Zeit wie ein Fels in der Brandung, worüber ihre Umgebung sehr erstaunt war. Und das Herz ihres Mannes schlägt weiter, kraftvoll und gesund.

Ein sechsjähriger Junge wuchs in den Bergen auf. Er hatte seltsamerweise panische Angst vor Helikoptern. Schon die herannahenden Motorengeräusche und erst recht der Anblick versetzten ihn so sehr in Furcht, dass er sich immer zu verstecken versuchte. Draußen im Freien suchte er einen Unterschlupf oder verkroch sich sogar im Haus unter einer Decke. Trösten und gutes Zureden ließen die Angst nicht schwinden. Helikopter schienen ihm lebensbedrohlich zu sein. Für Brigitte war es klar: Dieser Junge erinnerte sich an sein voriges Leben, an den Weltkrieg, und seine Erinnerungen waren so stark, dass diese bis in sein jetziges Leben hineinreichten. Durch einen Cuttingkreis[5] mit Engelsymbol-Karten und Einzelbehandlungen konnten die Ängste nachhaltig aufgelöst werden. Erzengel Michael war ihm dabei ein wichtiger Begleiter.

Ein weiterer Erfolg mit einem Cuttingkreis: Eine Pädagogin hatte Schwierigkeiten, sich von der Mutter eines Schulkindes abzugrenzen. Diese beschuldigte sie mit unhaltbaren Vorwürfen und versuchte immer wieder, die Verantwortung an die Pädagogin abzuschieben. Ein Engelsymbol-Cuttingkreis wurde gelegt, und kurze Zeit später war bereits bei einem weiteren Gespräch zwischen der Pädagogin und der Mutter eine deutlich positive Veränderung spürbar. Ab diesem Zeitpunkt

[5] Siehe Glossar

endeten die Schuldzuweisungen der Mutter an die Pädagogin.

Auch bei Neuanfängen wurden mit Cuttingkreisen sehr gute Erfahrungen gemacht, zum Beispiel bei einem Arbeitsplatzwechsel. Durch das Legen eines Cuttingkreises mit den Engelsymbol-Karten wurden einem Klienten alte, ungeklärte Lebensthemen bewusst, die ihm der Arbeitgeber gespiegelt hatte. Diese konnten aufgelöst werden und schufen somit Platz für Neues.

Eine Mutter suchte Brigitte wegen eines Problems mit ihrem pubertierenden Sohn auf, welcher ihrer Ansicht nach bei der Stellensuche nicht vorwärts kam. Ein Cuttingkreis mit Hilfe der Engelsymbolkarten zeigte dieser Frau ihr eigenes, persönliches Thema auf, mit dem sie möglicherweise ihren Sohn indirekt blockiert hatte. Beim nächsten Termin mit Brigitte berichtete sie, wie leicht ihr Sohn plötzlich eine Lehrstelle gefunden habe.

Brigitte macht immer wieder die Erfahrung, dass bei einigen Kindern tiefe Ängste sitzen, weil sie sich sehr klar an frühere Leben und die damals durchlebten Gefahren erinnern können. So auch bei einem Jungen, der auf viele Lebensmittel allergisch reagierte. Hautausschläge waren die Folge. Die Mutter probierte alles Mögliche aus, um ihm zu helfen. Im Gespräch mit Brigitte wurde das Hintergrundthema deutlich. Für den Jungen schien die Welt und alles Neue prinzipiell gefährlich und lebensbedrohlich – sogar das Essen. Brigitte legte mit Hilfe einiger Engel-Kombi-Symbole und mit dem Foto des Jungen einen Schutzkreis und legte das Engelsymbol „Schutzengel" in die Mitte dieses Kreises. Die Auswirkungen des Schutzkreises fühlten sich so an, als würde das Kind noch einmal zur Welt kommen, diesmal geschützt und gestärkt. Die Mutter erhielt von Brigitte den Auftrag, ihrem Sohn all das Schöne dieser Welt möglichst deutlich bewusst zu machen. Nach zwei weiteren Behandlungen nahmen die Allergien sichtlich ab, bis zu einer geringen Unverträglichkeit von Nüssen. Seine leichten

Hautrötungen wurden mit dem Engel-Kombi-Öl No. 10 „Nithael"
erfolgreich behandelt. Für den Fall, dass neue Probleme auftreten
sollten, wollen Mutter und Sohn auch die Schutzengel in Zukunft
miteinbeziehen, denn sie sind überzeugt, dass auch diese helfen
werden.

Allergien sind ein hoch aktuelles Thema, das sich mit den Engel-
Kombi-Symbolen No. 10 „Nithael" und den Engel-Kombi-Symbolen
No. 02 „Nanael" erfolgreich lösen ließ. Einmal kam ein Mädchen,
dessen Eltern eine Landwirtschaft betreiben, wegen ihres Heu-
schnupfens in die Praxis und nachdem das Hintergrundthema er-
forscht war, konnte eine entsprechende Behandlung durchgeführt
werden. Brigitte spürte die Skepsis der jungen Klientin und machte
trotzdem, was ihr die Engel eingaben. Als das Mädchen nach
Hause kam, war sie überzeugt, dass Brigittes Behandlung zwecklos
gewesen wäre. Am selben Tag noch half sie beim Heuen und zu
ihrem großen Erstaunen blieb die Heuallergie erstmals aus.

Für Allergien bei Jugendlichen hat Brigitte folgende Erklärung
bereit: Junge Menschen sind noch hoch sensibel und nehmen
daher alle Eindrücke von außen mit geradezu „mikroskopischer"
Genauigkeit wahr. Gleichzeitig nehmen sie sich häufig selbst stark
zurück. Ist ihre Aufnahmekapazität dann erschöpft, beginnen sie
zu reagieren: Die Augen tränen, die Nase tropft, ... Alles Zeichen,
dass ihre Grenzen überschritten sind. Da bietet oft - nach Brigittes
Erfahrung - die Engel-Aura-Essenz „Energetische Abgrenzung" gute
Hilfe.

Eines Tages erschien bei Brigitte eine in der 27. Woche schwangere
Frau, sie war bereits zweifache Mutter, mit der Diagnose „Placenta
praevia". Das heißt, ein Teil des Mutterkuchens war über dem Mut-
termund gelagert. Für die Ärzte war es klar, dass ein Kaiserschnitt
notwendig werden würde. Die Frau erkannte hinter dieser Tatsa-
che den Hinweis, sich mehr und bewusster Zeit für sich und das

ungeborene Kind zu nehmen. Daraufhin ließ sie sich regelmäßig massieren und kam auch zu Brigitte zur Behandlung, um dem Kind einen guten Start ins Leben zu ermöglichen. Nach der Behandlung, die Mutter war in ihrem Vertrauen fest gestärkt, nahm sie noch das Engel-Kombi-Öl No. 03 „Hariel" sowie eine energetisierte Engelsymbol-Kerze für die Geburt mit nach Hause. In der 36. Woche hatte sie einen Termin bei ihrer Ärztin, welche den Kaiserschnitt mit ihr vorbesprechen wollte. Sie machte eine Ultraschalluntersuchung und war perplex: Alles war am richtigen Platz. Eine komplikationsfreie und natürliche Geburt wurde möglich, und unterstützt von einem Engelsymbol-Schutzkreis und der Klangpyramide kam das Baby innerhalb von zwei Stunden zu Hause auf die Welt.

Einmal wurde Brigitte gebeten, ein umgebautes Haus zu besuchen. Beim Besichtigen entdeckte Brigitte, dass in zwei Räumen eine schwere Energie von Trauer hing. Es stellte sich heraus, dass es sich um das Schlafzimmer und das Sterbezimmer des Vorbesitzers handelte. Mit Hilfe der Engel-Aura-Essenz „Energetische Reinigung" wurden die Räume einige Tage lang ausgesprüht, bis die belastende Energie endgültig verschwunden war.

Eines Tages erhielt Brigitte von der Engelwelt den Impuls, Familienaufstellungen mit Hilfe der „Engelessenzen 1 - 49" durchzuführen. Jedes vom Klienten aufgestellte Fläschchen zeigte dabei - durch das Symbol am Etikett und die vom Klienten ausgewählte Positionierung - die bestehenden Probleme und Spannungen innerhalb des Familienverbandes ganz klar und deutlich auf. Dann ließ Brigitte die Anordnung der Fläschchen von Klienten so lange verändern, bis sich ein harmonisches „Familienbild" ergab. Dabei unterstützte jedes einzelne Fläschchen die aufgestellten Personen.

Diese völlig neue Form von Familienaufstellungen hat den großen Vorteil, dass die mitwirkenden Personen durch die Engelenergien energetisch geschützt sind und deshalb während der Aufstellung keine emotionalen, mentalen oder karmischen Belastungen anderer Mitwirkender in ihr morphogenetisches Feld, in ihre Aura- und Chakrenfelder übernehmen. Es stärkt das ganze Beziehungsgefüge innerhalb des Familienverbandes tiefschichtig und laut Rückmeldungen ist auch die Wirksamkeit dieser neuen Vorgehensweise sehr nachhaltig.

Aus der Praxis einer Naturärztin

Verena B., Jahrgang 1945, aus Gossau im schweizerischen Kanton St. Gallen, hatte bedingt durch den frühen Tod ihrer Mutter die Verantwortung in der elterlichen Landwirtschaft übernehmen müssen. Für eine berufliche Ausbildung blieb da freilich keine Zeit und so wuchs sie in die Rolle der Hausfrau und Mutter einer mittlerweile ziemlich großen Familie hinein.

Als sich bei ihr Kniebeschwerden einstellten, erkannte die behandelnde Masseurin, an die sie sich um Hilfe gewandt hatte, Verenas besondere Begabung für Massagen und ermutigte sie, ihrem Interesse für den Gesundheitsbereich zu folgen. Verena bildete sich daraufhin in verschiedenen Massagepraktiken weiter, besuchte eine Naturheilpraktikerschule und erwarb ausführliche Kenntnisse über Diätetik.

Eines Tages entdeckte sie in einem Esoterikgeschäft Ingrid Auers Buch „Heilende Engelsymbole" und da sie dabei ein besonders anziehendes Gefühl verspürte, begann sie, sich damit intensiv zu beschäftigen. Sie besuchte bei der erstbesten Gelegenheit einen in der Schweiz stattfindenden Kurs, um Ingrid Auer persönlich kennenzulernen, und ist seither eine überzeugte Anhängerin und Anwenderin der Hilfsmittel aus der Engelwelt. Seit dieser Zeit beschäftigt sich Verena im Familienkreis tagtäglich mit den Engelsymbol-Karten, Engel-Essenzen und Kombi-Ölen, um auf private Fragen und Probleme passende Antworten zu finden. Sie wendet auch regelmäßig Engel-Aura-Essenzen für Reinigung und Abgrenzung sowie Engel-Notfalltropfen an, bei Schlafproblemen die Engel-Kombi-Essenz No. 43 „Loriel" („Die 7 Nothelfer"). Aus den im familiären Bereich gewonnen Erfahrungen erweiterte Verena den Einsatz der Symbole, Essenzen und Öle nach und nach auf ihre Praxis, um den Nutzen auch ihren Klienten zugänglich zu machen.

Auf einer Fachmesse in Basel arbeitete sie am Messestand von Ingrid Auer. Da dort auf der Messe auch Aura-Fotografie angeboten wurde, machte sie persönliche Tests und konnte feststellen, dass nach der Verwendung der Engel-Aura-Essenzen „Erzengel Raphael", „Erzengel Chamuel" und „Erzengel Michael" deutliche Veränderungen in der Aura sichtbar wurden. Ihr ursprünglich vorhandener Energiestau wurde durch das Aufsprühen der Essenzen signifikant reduziert. Diese bildlich dargestellten Veränderungen der Aura bestärkten zusätzlich Verenas Überzeugung von der Wirksamkeit der Engelmittel.

Bei Fußmassagen mit der Engel-Aura-Essenz „Erzengel Raphael" konnte Verena wiederholt nicht nur eine deutliche Erleichterung der ursprünglichen körperlichen Schmerzen bei ihren KlientInnen feststellen, sondern sie bemerkte auch, dass ihnen beim Auflösen unangenehmer Themen ein sanfter Schauer durch den ganzen Körper ging. Beim Besprechen angenehmer und freudvoller Themen reagierten sie mit einem prickelnden, wohligen Wärmeempfinden.

Häufig wird Verena von KlientInnen mit Geburtstraumata nach komplizierten Entbindungen, nach Kaiserschnitten oder bei Problemen mit Schreibabys um Hilfe gebeten. Ihre Arbeit mit Craniosacral-Therapie kombiniert sie in diesen Fällen sehr erfolgreich mit der Engel-Aura-Essenz „Norael". Mit den Engel-Kombi-Ölen für Babys erreicht Verena immer wieder gute Erfolge, auch bei Narkoseschocks, bei Peridual-Anästhesie usw. Es kommt zu einer rascheren Heilung von Wunden und Narben, einer sanften Beruhigung der Neugeborenen sowie zur Behebung von Schlafstörungen.

Weitere Hilfsmittel, auf die Verena bei Kleinkindern gerne zurückgreift, sind die „Engelsymbole für Kinder", die jeweils von der Mutter ausgewählt und dem Kind am Körper aufgelegt werden, oder es sind Schutzkreise mit Engelsymbol-Karten, die für familiäre Themen angewendet werden. Mit Erfolg hat sie mehrmals schon den Klientinnen ein Engel-Kindernotfallsöl (Engel-Kombi-Öl No. 03 „Hariel") zur Massage für daheim mitgegeben. Einige Male erlebte Verena auch, dass Kinder mit Schlafstörungen die angebotenen Engel-Aura-Essenzen und Engel-Kombi-Öle von sich aus forderten, da sie die wohltuende Wirkung fühlen und die Befreiung von allen möglichen Ängsten erfahren durften.

Eines Tages erschien eine Mutter mit ihrem sechs Monate alten Sohn in Verenas Praxis. Nach einer schwierigen Geburt litt er ständig an Atembeschwerden und musste wiederholt in ein Kinderspital gebracht werde. Doch dort konnte keine eindeutige Diagnose erstellt werden. Verena behandelte ihn mit den Engel-Aura-Essenzen „Erzengel Michael" und „Norael", sowie mit zwei speziellen Engel-Kombi-Ölen für Massagen. Bereits am Ende der ersten Sitzung war die Atemnot behoben. Die Mutter erhielt Engel-Kombi-Öle und Engel-Aura-Essenzen zur weiteren Behandlung des Babys mit nach Hause: Seither schläft das Kind regelmäßig, ruhig und entspannt. Die Atembeschwerden sind endgültig vorbei.

Ein ähnlicher Fall mit einer Frühgeburt blieb Verena in guter Erinnerung: Zehn Wochen nach der Entbindung brachten die Eltern ein schreiendes, vor Atemnot blau angelaufenes Baby in die Praxis. Nach einer liebevollen Massage mit Engel-Kombi-Ölen verstummte das Kind, blickte neugierig umher und begann zu lächeln. Verena, die auch in diesem Fall den Eltern die Öle mit nach Hause gab, erhielt einige Tage später die Mitteilung, dass das Kind bereits regelmäßig und ruhig schlafe, kaum mehr schreie und lebhaft auf seine Umgebung reagiere.

Es gibt zahlreiche ähnliche Erfolgserlebnisse, über die Verena zu berichten weiß. An dieser Stelle soll aber auch darauf verwiesen werden, dass Verena dank ihres sehr liebevollen, herzlichen Umgangs mit Kindern einen ganz besonders guten, mütterlichen Zugang zu den Kleinsten hat.

Wenn KlientInnen vor chirurgischen Eingriffen und Narkosen Angst bekommen, rät Verena, die Engel-Kombi-Essenz No. 32 „Sorihael" vor der Operation einzunehmen. Erfahrungsgemäß lässt jede Panik nach und die notwendige Behandlung kann mit Ruhe und Gelassenheit ablaufen.

Eine Klientin, die sich einer großen Unterleibsoperation unterziehen musste, begab sich in eine Reiki-Behandlung. Der aurasichtige Energetiker erkannte, dass ihre Aura sehr geschwächt war. Verena empfahl ihr, die Engel um Unterstützung zu bitten und einige Engelsymbol-Karten zu einem Schutzkreis zu legen. Eine Woche später kam die Klientin wieder und berichtete, dass sie sich deutlich wohler fühlte. Der Reiki-Energetiker hatte auch eine starke Verbesserung der Aura konstatiert.

Eines Tages erschien die Tochter einer hochbetagten Frau in der Praxis und klagte, dass ihre Mutter von ihrem Leiden erlöst werden und endlich sterben wolle, aber nicht loslassen könne. Verena empfahl ihr, die Engel-Aura-Essenz „Erzengel Zadkiel" im Schlafraum der Mutter zu versprühen und ihre Hände damit zu bestreichen. Am selben Tag konnte sich die alte Dame in Ruhe und Frieden, ohne Schmerzen zu leiden, verabschieden und gehen.

Bei der Beratung und Betreuung von KlientInnen gewinnt das Internet zunehmende Bedeutung. In diesem Zusammenhang erscheint eine ungewöhnliche Begebenheit erwähnenswert. Eine Frau hatte sich über Engel-Kombi-Symbole und andere Engelhilfsmittel im Internet ausführlich informiert. Als sie danach ihren PC ausschaltete, erschienen ihr auf dem bereits dunklen Bildschirm zweimal zwei ganz bestimmte Symbole. Eine technische Erklärung dafür fand sie zwar nicht, sie beschloss aber, die beiden Symbole zu erwerben. Nach einiger Zeit setzte sie sich mit Verena in Verbindung und berichtete, dass sie mit den beiden Symbolen in ihrer Familie erfolgreich arbeite. Ihr kleiner Sohn nimmt die Symbole regelmäßig bei Prüfungen mit in die Schule, wo es ihm seither viel besser geht als zuvor. Seine Prüfungsängste und negativen Erlebnisse gehören der Vergangenheit an. Ihr Mann, der Probleme mit Vorgesetzten und Ängste bei der Bewältigung seiner beruflichen Aufgaben hatte, hat seither alle Hürden mit Hilfe der Engelsymbole genommen und sogar ein gutes Arbeitsklima erreicht.

Ähnliche Erfahrungen machte Verena mit der Filialleiterin eines Schuhgeschäftes, die unter Führungsproblemen mit Mitarbeitern und unter Mobbing litt. Einige Tage hindurch versprühte sie die Engel-Aura-Essenz „Erzengel Michael" in den Geschäftsräumen. Die Spannungen zu den MitarbeiterInnen nahmen allmählich ab und sogar von Seiten der Kunden erfolgten spontane Bemerkungen über die spürbar angenehme Atmosphäre im Geschäft.

Einer anderen Klientin, die über ein gespanntes Verhältnis am Arbeitsplatz und ständige unangenehme Konfrontationen mit ihrem Vorgesetzten klagte, riet Verena, ein Symbol von Erzengel Michael unter die Tastatur ihres PCs zu legen und die Engel-Aura-Essenz „Erzengel Michael" im Arbeitsraum zu versprühen. Seither gibt es keine spitzen Bemerkungen mehr vom Chef und seine latente Aggressivität hat sich gelegt.

Die Mutter eines Schulkindes schüttete Verena ihr Herz aus: Ihr Sohn war in eine neue Schulklasse mit neuen Lehrern versetzt worden und konnte die Spannungen, die dort vorherrschten, kaum ertragen. Verena empfahl ihr, Schutzkreise mit Engelsymbol-Karten für die ganze Klasse zu legen. Die Spannungen zwischen Lehrern und Schülern nahmen binnen weniger Tage ab und das Kind hat seither keine Probleme mehr zur Schule zu gehen.

Eine andere Klientin war nach einem Todesfall in ihrer Familie gezwungen, rasch ein Geschäftshaus zu verkaufen. Banken und Gläubiger bedrängten sie. Auch ihr empfahl Verena einen Schutzkreis aus Engelsymbol-Karten zu legen. Nach fünf Wochen rief sie an und berichtete, dass ihr die Bank einen zahlungskräftigen Käufer ausfindig gemacht hatte und sie alle ihre Probleme zu ihrer Zufriedenheit lösen konnte.

Eine junge Ehe schien auseinanderzubrechen: Der Mann wurde an seinem Arbeitsplatz durch Mobbing gequält und flüchtete, da er sonst keinen Ausweg sah, in den Alkohol. Seine Frau, die in einem anderen Unternehmen beschäftigt war, machte gleichzeitig viel für ihre berufliche Weiterbildung und kletterte auf ihrer Karriereleiter nach oben. Verena riet, einen Engelsymbol-Schutzkreis zu legen, um Hilfe von oben hereinzuholen. Nach einigen Wochen hörte der Mann tatsächlich auf, seine Probleme mit Alkohol zu betäuben. Von seinem Vorgesetzten wurde er sogar auf einen höherwertigeren Arbeitsplatz versetzt, wo er sich wieder als vollwertig akzeptiert fühlte. Nun konnte er auch den weiteren beruflichen Aufstieg seiner Frau annehmen und die Beziehung kam wieder in Ordnung.

Auch für die Wirkung der Meditations-CDs von Ingrid Auer erlebte Verena einige positive Beispiele. Sowohl Erwachsene als auch Kinder konnten nach bzw. während des Abspielens der CDs trotz angeblicher Schlafstörungen problemlos wieder einschlafen. Sogar Tiere sprechen offensichtlich auf die Wirkung dieser CDs an: Ein erkrankter Hund, der jämmerlich winselte, sodass ihn der Tierarzt mit einer Spritze erlösen wollte, konnte nach dem mehrmaligen Abspielen der CD „Heilmeditation mit Erzengel Raphael" wieder gesund werden.

Vor geraumer Zeit ereignete sich in der Schweiz eine aufsehenerregende Kindesentführung. Dieser Kriminalfall entsetzte und verunsicherte große Teile der Bevölkerung. Danach kamen etliche Eltern mit ihren ängstlich gewordenen, sensitiven Kindern zu Verena. Nach ausführlichen Besprechungen versprühte sie die Engel-Aura-Essenzen „Erzengel Gabriel" und „Erzengel Michael" in der Aura der Kinder und konnte sie damit von ihren Ängsten auf den Schulwegen, auf den Spielplätzen und im Kindergarten befreien. Interessanterweise ergab sich, dass Mädchen eher auf die Aura-Essenz „Erzengel Gabriel" ansprachen, während Jungen vorwiegend auf die Aura-Essenz „Erzengel Michael" positiv reagierten.

Einmal erzählte ein siebenjähriges Mädchen Verena einen seltsamen Traum: Sie sah ihre eigene Inkarnation und ein zweites Baby, einen Buben, die sich beide auf den Weg zur Erde gemacht hatten. Sie glitten auf einer langen, endlos scheinenden Rutschbahn zur Erde. Während der Fahrt beobachtete das Mädchen, wie der Bub, da er sich scheinbar nicht festhalten konnte, zurückblieb und schließlich absprang, sodass er den eingeschlagenen Weg nicht beendete. Verena erkannte das Thema hinter diesem Traum: Zwei Seelen hatten geplant, gleichzeitig gemeinsame Eltern auszuwählen, doch eine hatte ihre Absicht geändert und war im letzten Moment buchstäblich „abgesprungen". Um dem Mädchen zu helfen, seine stark ausgeprägte Ängstlichkeit und die Scheu vor anderen Menschen loszuwerden, bot Verena ihm Fußmassagen mit einem Engel-Kombi-Öl an. Obwohl nach ihrer Meinung das Engel-Kombi-Öl No. 35 „Aliel" in Frage kam, wollte sie testen, wie sich das Kind unbeeinflusst entscheiden würde, wenn sie ihm eine Auswahl von fünf Ölen vorlegte. Was geschah? Ohne Zögern, ganz spontan, wählte das Mädchen das Engel-Kombi-Öl No. 35 „Aliel". Verena gab den Eltern das Öl mit nach Hause. Nach zwei Monaten erschien das Mädchen wieder in der Praxis: Geerdet, ruhig und mit einem selbstsicheren Auftreten.

Eines Tages erschien eine Frau und klagte über seit Wochen anhaltende starke Schmerzen im Brustraum. Die ärztlichen Untersuchungen waren nicht aufschlussreich und die verabreichten Schmerzmittel halfen nicht. Im Gespräch erzählte sie Verena, dass sie vor einigen Jahren ein Kind verloren hatte. Daraufhin begann Verena im Brustbereich und an den Füßen Massagen mit dem Engel-Kombi-Öl No. 35 „Aliel" zu geben. Nach kurzer Zeit begannen sich die seelischen Blockaden zu lösen, die Tränen flossen reichlich und gleichzeitig ließen die Schmerzen nach. Verena gab der Frau das Öl mit nach Hause, damit sie daheim die Massagen selbst fortführen konnte. Nach einigen Wochen meldete sich die Klientin wieder und teilte Verena erleichtert und froh mit, dass sie nun schmerzfrei sei.

Alles nur Zufälle? Alles nur Einbildung? Wohl kaum! Verena freut sich, mit den Hilfsmitteln aus der Engelwelt täglich neue Erfolge zu erzielen.

Zuschriften aus nah und fern

Beinahe täglich landen Anfragen, Bestellungen, Vorschläge und Wünsche in unserem elektronischen Briefkasten. Aber auch spontan abgefasste Berichte über erstaunliche Wirkungen der Hilfsmittel aus der Engelwelt, sehr beeindruckende Erfahrungen und Erfolge werden immer wieder gemeldet.

Wir haben für Sie eine kleine Auswahl daraus zusammengestellt. Teils, weil die geschilderten Situationen berührend oder hochdramatisch für die unmittelbar betroffenen Menschen waren, teils, weil sie für andere Menschen wichtige Anhaltspunkte und Hinweise auf ihre eigenen Lebensthemen oder ihre tägliche Arbeit bieten könnten. Um die Diskretion der Absender zu wahren, sind nur die Vornamen und Anfangsbuchstaben der Zunamen sowie das Herkunftsland angeführt.

Wenn Ihnen die eine oder andere Alltagssituation bekannt vorkommt, können Sie selbst versuchen, ob die gemachten Erfahrungen auch auf Sie zutreffen. Wenn Sie selbst etwas Neues entdecken, würden wir uns über Ihren Kurzbericht sehr freuen.

Anna Maria W. aus Österreich berichtete über ihre positiven Erfahrungen im Zusammenhang mit dem energetischen „Entstören" von Impfstoffen:

Als ihre Tochter vor sieben Jahren zur Welt kam, ließ sie ihr eine Mehrfachimpfung verabreichen. Die Kleine bekam einen geschwollenen Arm, weinte, war unruhig, schlief kaum und war „völlig aus ihrer Mitte geworfen". Auch die Reaktionen auf eine zweite und dritte Impfung waren dieselben. Als sie zur vierten Impfung ging, hatte Anna Maria vorsorglich die Engelsymbol-Karte No. 04 „Engel für Reinheit und Klarheit" eingesteckt. Der behandelnde Arzt war ihr Bruder, der von Engeln nichts hielt, weshalb sie sehr erleichtert war, dass er sie zehn Minuten mit dem Kind alleine in einem kleinen Behandlungsraum auf ihn warten ließ. Die vorbereitete Injektion lag bereits vor ihr auf dem Tisch, und so nutzte Anna Maria die Gelegenheit und schob die Engelsymbol-Karte darunter. Ihr Bruder hatte nichts von dieser Aktion mitbekommen, als er seine kleine Nichte impfte. Und siehe da: Das Mädchen bekam weder einen geschwollenen Arm, noch Schmerzen - sie war lustig, fröhlich und schlief auch die folgenden Nächte ohne Probleme durch. Bei drei weiteren Impfungen ging Anna Maria in der gleichen Art vor, zuletzt bei einer Zeckenschutzimpfung. Ihre Tochter hat seitdem nie mehr mit unangenehmen Symptomen auf Impfungen reagiert.

Andrea F. aus der Schweiz befasste sich vor geraumer Zeit mit folgendem Hundeproblem:

Zwei Welpen waren seit ihrer Geburt ungewöhnlich furchtsam, schüchtern und sehr unruhig. Sie wurden zwar im Laufe der Zeit immer größer und stärker, aber wenn sie laute Geräusche hörten, zum Beispiel die Raketen eines Feuerwerks, erfasste sie wieder die Angst und sie verkrochen und versteckten sich. Andrea beschritt einen ungewöhnlichen Weg: Sie versuchte das Problem mit einer Engelmeditation, mit der Engelessenz und dem Engelsymbol "Erzengel Michael" zu lösen. Gespannt wartete sie, ob sich das Verhalten der Tiere ändern würde. Vor dem Beginn des nächsten Feuerwerks waren die Hunde eingeschlafen. Sie lagen in ihrem Körbchen auf dem Engelsymbol und auf der Flasche mit einer Engel-Aura-Essenz. Als der Krach losging, erwachten sie und sprangen voller Neugier ins Freie, um das Spektakel aus der Nähe zu beobachten. Von Angst war nichts mehr zu bemerken.

Silvia D. aus Österreich erzählte von zwei dramatischen Fällen und über die prompte Hilfe der Engel:

Ein 48jähriger Mann, der schon viele Jahre mit ihrer Familie befreundet ist, litt plötzlich unter starken Darmblutungen. Sein Hausarzt schrieb ihm sofort eine Überweisung in das nächste Spital und empfahl ihm, raschestens zu handeln. Er konnte sich aber nicht gleich dazu durchringen. Silvia und ihr Mann versuchten, ihm Reiki-Energien zu schicken, baten die Engel um ihre Hilfe und stellten zwei Tage lang die Engel-Aura-Essenz "Erzengel Raphael" auf den Einweisungsschein. Dann trat der Patient den schweren Weg an und es wurden eine Darmspülung und eine Magenspiegelung durchgeführt. Die Befunde waren negativ, die Ärzte standen vor einem Rätsel und der Freund wurde wieder nach Hause entlassen. Silvia war begeistert, wie wunderbar und schnell doch Engel helfen können.

Silvia, die schon seit einigen Jahren mit Engelsymbol-Karten und Engelessenzen arbeitet, sowie für sich und andere gerne Engelsymbol-Schutzkreise legt, kam selbst kürzlich in große Existenznöte und musste zum Konkursgericht. In ihrer Verzweiflung wandte sie sich an die Engel mit der Bitte um Unterstützung. Es war fast unheimlich, aber beglückend, wie diese halfen: Der Konkursantrag wurde vom Richter binnen dreier Minuten abgeschmettert, da ihre Zahlungsunfähigkeit nicht erwiesen war. Plötzlich fanden Silvia und ihr Mann auch einen zahlungskräftigen Mieter für ihr Geschäft, der ihnen zusätzlich Aufträge und Arbeit verschaffte. Ihre Probleme waren schlagartig gelöst.

Von Sabine L., einer Hebamme aus Deutschland, stammen folgende Berichte:

Eine 34jährige Klientin, die schon vier Schwangerschaftsabbrüche und drei Fehlgeburten mitgemacht hatte, war im vierten Monat schwanger. Nun litt sie unter großer Angst, denn sie glaubte, die Fehlgeburten wären die Strafen für die Abbrüche gewesen. Sabine empfahl ihr, die Engel-Kombi-Essenz No. 35 „Aliel" vier Wochen lang zu nehmen und für sich sowie für ihr Kind einen großen Engelsymbol-Schutzkreis zu legen. Zusätzlich sollte sie während der gesamten Schwangerschaft das Engel-Kombi-Öl No. 17 „Muriel" einmassieren. Darüber hinaus verwendete die Klientin die Engel-Aura-Essenzen „Erzengel Gabriel", „Erzengel Michael" und „Erzengel Zadkiel". In der 41. Schwangerschaftswoche brachte sie ohne Komplikationen ihre Tochter zur Welt.

Leider sind Geburten nicht immer nur freudige Ereignisse. Die Ärzte mussten einer Familie, die ihr fünftes Kind erwartete, mitteilen, dass aufgrund der zu erwartenden Schwerstbehinderung ein Schwangerschaftsabbruch sinnvoll wäre. Die Mutter entschied sich jedoch, das Kind zur Welt zu bringen. Sabine riet ihr, allabendlich die Meditations-CD „Engel begleiten durch Schwangerschaft und Geburt" von Ingrid Auer zu hören. Gleich nach der Geburt massierte der Vater sein Kind mit dem Engel-Kombi-Öl No. 03 „Hariel" zart ein und besprühte es mit der Engel-Aura-Essenz „Norael". Die

Engel-Kombi-Symbole No. 59 „Ismael" wurden um den Nabel des Neugeborenen aufgelegt. Die Eltern selbst nahmen die Engel-Kombi-Essenzen No. 43 „Loriel" („Die 7 Nothelfer") und No. 59 „Ismael". Nach etwas mehr als fünf Stunden entschlief das Kind ganz friedlich und anscheinend ohne Schmerzen in den Armen seiner Eltern, die so in Ruhe und Würde Abschied nehmen konnten.

Carmen St. aus der Schweiz hat sich als gelernte Kinderkrankenschwester in den letzten Jahren auf Babymassagen konzentriert. Folgende konkrete Erfahrungen teilte sie uns mit:

Schwangerschaft und Geburt eines kleinen Jungen waren nicht ganz ohne Komplikationen verlaufen. Als seine Mutter diesbezüglich in Kontakt mit Carmen trat, war ihr Sohn kaum in der Lage, sich allein mit sich selbst zu beschäftigen. Immer brauchte er Erwachsene um sich, er klebte förmlich an seiner Mutter. Mithilfe des Engel-Kombi-Öls No. 03 „Hariel" wurde er allmählich selbstständiger und selbstsicherer.

Als ein Baby fünf Wochen alt war, brachte es seine Mutter in Carmens Praxis. Es litt unter Schlafstörungen, war sehr unruhig und das Stillen funktionierte nicht richtig. Carmen empfahl der Mutter das Engel-Kombi-Öl No. 26 „Norael" regelmäßig zur Massage. Heute ist die Familie begeistert über die Veränderung des Kindes. Es ist ein ruhiges und zufriedenes Baby geworden. Das Stillen erfolgt völlig problemlos.

Gunda U. aus Österreich hat die Wirkung der Engelsymbole im Zusammenhang mit ihrem Mikrowellenherd ausprobiert.

Sie legte die Engelsymbol-Karte No. 06 "Engel für Kraft und Stärke" nach dem Erwärmen der Speisen unter den Teller und vergewisserte sich mit dem Pendel, dass sie keine Energie verloren hatten. Ähnliches konnte sie nach dem Bügeln von Kleidungsstücken feststellen, die Kunststofffasern enthielten. Wenn sie die gebügelten Stücke einige Minuten lang auf die Engelsymbol-Karte No. 06 "Engel für Kraft und Stärke" gelegt hatte, war keine elektromagnetische Aufladung mehr festzustellen und beim Anziehen knisterte es nicht mehr. Übrigens, Engel lieben es, wenn wir spielerisch ihre Energien ausprobieren oder damit experimentieren.

Ingrid L. aus Deutschland hat die Engel-Transformationsessenzen No. 02 „Engel für Feinstoffliche Regenerierung" und das entsprechende Engelsymbol No. 02 an sich selbst erprobt. Sie schrieb, dass sie seither "unendlich sanft und liebevoll geführt wird". Die Energie der Karte mit dem Engelsymbol spürt sie immer bald nach dem Auflegen. Wenn sie diese zum Beispiel kurz vor einer beginnenden Kopfschmerz-Attacke anwendet, muss sie keine Medikamente mehr schlucken. Auch Erkältungen kann sie damit gut abwehren. Diese treten dann nur noch in stark abgeschwächter Form in Erscheinung.

Simone B. aus der Schweiz hat uns über ihre Erfahrungen mit den „Engelsymbolen für Kinder" drei kurze Berichte übermittelt:

Am Tage, als ihre kleine Tochter Geburtstag feierte, arrangierte sie ein Kinderfest. Das Mädchen wollte jedoch überraschenderweise nichts davon wissen, begann zu toben und zu schreien und mochte ihre Spielkameraden nicht sehen. Simone war ratlos.

Als sie in die Küche ging, lag das Kinder-Engelsymbol No. 08 „Obiel" (Engel-Botschaft: „Alles wird gut!") vor ihr. Sie nahm es und steckte es dem widerspenstigen Geburtstagskind unbemerkt in die Hosentasche. Die Kleine reagierte wie verwandelt. Sie zog sich die Schuhe an, ging zum Auto, stieg ein und begann munter drauf los zu plaudern. Plötzlich freute sie sich auf ihr Fest und auf die Kinder, die mit ihr feiern wollten. Für den plötzlichen Sinneswandel fand Simone keine plausible Erklärung. Obiel hat wohl nachgeholfen.

Zu dem Geburtstagsfest war auch ein Bub eingeladen, der bis dahin nur dann Besuche machte, wenn ihn seine Mutter begleitete. Also gab ihm auch diesmal die Mutter Begleitschutz und brachte, um nicht mit leeren Händen dazustehen, einen Schokoladenkuchen mit. Beim Backen war ihr eine ungewöhnliche Idee gekommen. Sie klebte das Kinder-Engelsymbol No. 10 „Midael" (Engel-Botschaft: „Du bist o.k.!") an die Unterseite des Kuchens. Der Kleine, der seiner Mutter sonst keinen Schritt von der Seite wich, akzeptierte es, als sie ihm sagte, dass sie für kurze Zeit etwas zu erledigen hätte. Als sie nach einigen Stunden wieder erschien, wollte ihr Sohn nicht mehr mit ihr nach Hause, sondern noch länger mit den anderen Kindern weiterspielen. Später, als er wieder daheim war, erklärte er voller Stolz: „Ich bin ganz ohne Mami geblieben". Engel Midael sei Dank.

Simone nimmt die „Engelsymbole für Kinder" immer zu ihrer täglichen Arbeit in den Kindergarten mit. In der so genannten Spielgruppe gab es einen kleinen Buben, der immer abseits stand, nicht an den Spielen der anderen teilnehmen wollte, aber sich auch nicht selbst beschäftigen konnte. Simone ließ die Kinder für sich Symbole ziehen. Er zog den Engel No. 18 „Osiel" (Engel-Botschaft: "Ich tröste dich!") und Engel No. 10 „Midael" ("Du bist o.k.!"). Sie beobachtete, wie er die Symbole in seine Hosentasche steckte und kurz danach begann, mit Puppen und anderen Dingen zu spielen. Plötzlich ließ er auch andere Kinder mitspielen. Ab diesem Moment war er wie verwandelt. Er spielt seither ganz selbstverständlich gemeinsam mit den anderen Kindern, kann sich gut in der Gruppe behaupten, ist kommunikativ geworden und fühlt sich offensichtlich in seinem Umfeld wohl.

Christine F. aus Österreich berichtete über eine Erfahrung, wie sie gerade im Haushalt öfters vorkommen kann: Sie verbrannte sich an einer heißen Herdplatte. In der Küche stand zufällig die Engelessenz "Erzengel Michael" in Reichweite. Rasch brachte sie einige Tropfen auf die Brandwunde auf und sofort war der Schmerz vorbei. Nach einiger Zeit bildete sich an dieser Stelle eine kleine Brandblase, doch die verheilte wieder rasch und absolut schmerzfrei.

Renate P. aus der Schweiz hat eine liebe Freundin, die mit ihr gemeinsam Engelseminare besucht hat. Von Zeit zu Zeit tauschen sie ihre Erfahrungen über Engelenergien aus. Diese Freundin erzählte ihr, dass sie mit Klienten, die mit dem Rauchen aufhören wollten, gute Ergebnisse erzielt hatte. Sie empfahl ihnen die Engelsymbole No. 6 „Engel für Kraft und Stärke" und No. 48 „Erzengel Zadkiel" täglich in der Kleidung oder möglichst nahe am Körper zu tragen. Vier Personen, die sich daran gehalten hatten, haben ab diesem Zeitpunkt nicht mehr geraucht.

Walter Sch. aus Österreich hat uns über zwei Begebenheiten folgendes berichtet:

Zur Vorbereitung auf eine Auslandsreise ließ er sich durch

eine Impfung gegen Hepatitis schützen. Nach der ersten Teilimpfung verspürte er - wie das laut Aussage seiner Ärztin üblich ist - zwei Tage lang im Bereich der Einstichstelle leichte Schmerzen. Einen Monat später, bei der zweiten Teilimpfung, legte der den Impfstoff 15 Minuten lang auf sein Persönliches Engelsymbol, da er das Engelsymbol No. 04 „Engel für Reinheit und Klarheit" nicht zur Verfügung hatte. Er wollte ausprobieren, ob das Symbol eine spürbare Veränderung gegenüber der ersten Impfung bewirken würde. Das Ergebnis war tatsächlich verblüffend: Die unangenehmen Nachwirkungen nach der Injektion blieben völlig aus.

Im Zuge von handwerklichen Arbeiten mit Pinsel und Schraubenzieher entstand allmählich auf einer Handinnenfläche eine Blase, die einen brennenden Schmerz auslöste. Da er so nicht weiterarbeiten konnte, legte er eine kurze Pause sein und massierte auf der betroffenen Stelle das Engel-Transformationsöl No. 02 „Feinstoffliche Regenerierung", weil er kein Engel-Kombi-Öl No. 01 „Lariel" („Körperlicher Notfall") zur Verfügung hatte. Zu seiner Überraschung bildete sich die Blase schon nach wenigen Minuten zurück, die Hautrötung verschwand und mit ihr die Schmerzen. Nach kurzer Zeit konnte er die Arbeit fortsetzen und zu Ende bringen.

> Ing. Thomas K. aus Österreich führt ein Bauunternehmen und berichtete über seine persönlichen Erfahrungen mit den Engeln:

> Wegen plötzlich aufgetretener Schmerzen im linken Knie wollte er nicht einen Arzt aufsuchen, sondern diese mit dem Symbol des Erzengels Raphael selbst behandeln. Zunächst brachte das Auflegen des Engelsymbols auf die schmerzende Stelle keinen Erfolg. Auch seine Akupunkturkenntnisse halfen ihm nicht weiter. Dann entschloss er sich, das Engelsymbol über Nacht auf das

schmerzende Knie zu legen. Am nächsten Morgen war er schmerzfrei. "Den Engeln sei Dank", schrieb Thomas. Das Erlebnis hat seine Experimentierfreude beflügelt. Er konnte, so schreibt er, in der Zwischenzeit auch einige Allergien mit Hilfe der Engelsymbole in den Griff bekommen.

Nicole S. aus den Niederlanden schildert ihre Beobachtungen, die sie während ihrer beruflichen Tätigkeit als Betreuerin und Lehrerin an ihrer Schule machen konnte:

Sie arbeitet mit Kindern in Altersstufen zwischen zweieinhalb bis 12 Jahren. Immer wieder nahm sie in den Räumen belastende, schlechte Energien wahr, die die Leistungen der Kinder hemmten und die Arbeitsatmosphäre beeinträchtigten. Dies zeigte sich in Gereiztheit, Leistungsunwillen, Unkonzentriertheit und Unlust. Nach ersten erfolgreichen Versuchen machte sich Nicole mittlerweile zur Gewohnheit, vor dem Unterrichtsbeginn die Engel-Aura-Essenzen zur energetischen Reinigung der Klassenzimmer zu versprühen. Dabei erzielt sie eine deutliche Verbesserung des Arbeitsklimas für alle Beteiligten. Sogar Lehrerkollegen, die gelegentlich Nicoles Klassen betreten, äußerten sich schon mehrmals ganz spontan, weil ahnungslos, sehr anerkennend über die spürbar angenehme Atmosphäre. Einer rief sogar „Was ist denn da los, ich fühle hier so eine starke Energie im Raum!"

Einmal hatte sich Nicole in Vertretung einer Kollegin mit einem autistischen Kind zu befassen, das sehr in sich gekehrt und nicht bereit war, auch nur ein Wort zu sagen. Nachdem Nicole im Raum die Engel-Aura-Essenz „Energetische Reinigung" versprüht hatte, begann das Kind lebhaft zu reagieren und konnte erstmals sprechen. Als das die Kollegin erfuhr, geriet sie vor Begeisterung außer sich.

Thomas B. aus der Schweiz übermittelte ganz spontan sein Feedback als ein Anwender der besonderen Art weiter:

Er ist Sänger, seine Stimme ist das für ihn kostbarste Instrument, das es sorgsam zu schützen und zu pflegen gilt. Ein großes Lob sprach er der Engel-Aura-Essenz "Sonael" aus, die sich anlässlich einer Singwoche bei sehr hohen und belastenden Ozonwerten, die sich auf die Stimme negativ auswirken können, hervorragend bewährte. Eine sehr ungewöhnliche und interessante Erfahrung über die Hilfe durch Engelenergien.

Von Rita F. aus der Schweiz stammen folgende Kurzberichte:

In einem Engelseminar lernte Rita den Umgang mit Engel-Aura-Essenzen kennen. Als ein Klient sie aufsuchte und über fallweisen Sekundenschlaf bei Autofahrten klagte, empfahl sie ihm zwei Engel-Aura-Essenzen, die er im Auto versprühen sollte. Er bedankte sich höflich, lächelte aber geringschätzig, da er an deren Wirkung nicht glauben konnte. Nach ein paar Wochen rief er an und sagte, dass er seit der Verwendung der Essenzen kein einziges Mal mehr einen Sekundenschlaf erlebt hatte.

Ein anderer Fall: Der Mann einer Klientin, ein Gewerbetreibender, musste Konkurs anmelden, als sein Geschäft plötzlich nicht mehr lief. Der Ärger und die Sorge führten zu persönlichen Konflikten zwischen den Eheleuten, die schließlich in einer Scheidung mündeten. Die Frau, die als Angestellte beschäftigt war, verfiel dem Alkohol und verlor daraufhin ihren Arbeitsplatz. Rita ließ ihre Klientin Engelsymbol-Karten ziehen und interpretierte ihr den positiven Inhalt der Engelsymbole, um ihren Lebensmut wieder zu stärken. Zusätzlich gab sie ihr die Engel-Aura-Essenz "Erzengel Jophiel" zum

Besprühen ihrer Aura und ihrer Wohnräume mit. Mit der Zeit kam die Frau von ihrem Alkoholproblem los und fand bald auch einen passenden Arbeitsplatz.

Claudia B. aus Deutschland übermittelte uns drei sehr unterschiedliche Berichte:

Nach einem Vortrag von Ingrid Auer erwarb Claudia als „werdende Oma" für ihre Schwiegertochter das Buch „Engel begleiten durch Schwangerschaft, Geburt und die Zeit danach" sowie die Engel-Aura-Essenz „Norael", obwohl sie anfänglich noch Zweifel an deren Wirksamkeit hegte und auch die Einstellung ihrer Schwiegertochter zu Engelenergien nicht kannte.

Immerhin nahm die werdende Mutter die Engel-Aura-Essenz „Norael" während des achten und neunten Schwangerschaftsmonats regelmäßig, zusätzlich noch die Engel-Aura-Essenz „Erzengel Michael" und einige andere Engel-Kombi-Öle. Die Geburt verlief schließlich sehr harmonisch und komplikationsfrei. Seither empfiehlt die junge Mutter die Hilfsmittel aus der Engelwelt an Freunde und Bekannte weiter.

Nach der Entbindung ihrer Schwiegertochter, als sich diese noch im Krankenhaus befand, machte die frischgebackene Oma folgende Erfahrungen: Wenn die kleine Enkelin unruhig wurde, versprühte sie die Engel-Aura-Essenz „Norael" über dem Bettchen. Das Kind reagierte unmittelbar darauf und wurde wieder ruhig und ausgeglichen.

Im selben Zimmer war noch eine Frau untergebracht, die einen Buben entbunden hatte. Dieser war extrem unruhig, laut - eben ein richtiges Schreibaby. Als seine Mutter für kurze Zeit den Raum verließ, sprühte Claudia dieselbe Engel-Aura-Essenz über ihn, woraufhin er sofort ruhig wurde. Als seine Mutter zurückkam, führte sie die signifikante Verhaltensänderung auf die beruhigende Wirkung von Claudias persönlicher Ausstrahlung zurück.

Dieselbe positive Wirkung erzielte Claudia mit dieser Engel-Aura-Essenz noch bei einem dritten Baby im Krankenhaus, das durch Kaiserschnitt zur Welt gekommen war.

Nach einigen Monaten durfte Claudias Enkelin beim Babyturnen mitmachen, was ihr grundsätzlich sehr gefiel. Manchmal aber, wenn sie die Lust daran verlor und zu quengeln begann, war Oma mit der Engel-Aura-Essenz gleich zur Stelle. Die half immer und die Kleine wurde rasch wieder ausgeglichen und fröhlich.

Eine Klientin Claudias ist als Filialleiterin einer Drogeriemarktkette tätig, die für die höchste Kriminalitätsrate bei Ladendiebstählen etc. zu unrühmlicher Popularität gelangt war. Auf Anraten von Claudia begann die Klientin, ihre Filiale täglich mit den Engel-Aura-Essenzen „Energetische Reinigung" und „Energetische Abgrenzung" auszusprühen. Kürzlich kam ihr Vorgesetzter auf einen dienstlichen Besuch vorbei. Er lobte sie, weil ihre Filiale im Vergleich mit den anderen die geringste Kriminalität aufwies, weil das Betriebsklima besonders gut ist und auch weil er sich selbst persönlich dort sehr wohlfühlte und keinen Stress empfand. Er sagte, dass er in dieser Filiale geradezu Kraft tanken könne. Sogar die jährliche Inventur konnte viel schneller als in anderen Filialen erledigt werden! Das alles, so ist die Filialleiterin fest überzeugt, verdankt sie den Engel-Aura-Essenzen, die sie natürlich weiterhin tagtäglich zur energetischen Reinigung und Abgrenzung benützt.

Als Claudias Schwiegervater im Sterben lag, besuchten ihn seine Frau und seine Kinder täglich. Am dritten Tag empfing Claudia aus der Engelwelt den Auftrag, ihn zu unterstützen. Ohne Wissen der Schwiegermutter, die den Engeln sehr skeptisch gegenübersteht, aber mit Wissen und Einverständnis des Sterbenden, brachte Claudia Engel-Aura-Essenzen, Engelessenzen und Engel-Kombi-Öle ins Krankenhaus, als nur ihr Mann als Besucher im Zimmer war. Claudia übergab ihm die Mittel, der sie an seinem Vater anwendete. Wenige Stunden später konnte er sanft entschlafen. Claudia und ihr Mann waren trotz ihrer Trauer glücklich, ihn begleitet und von den Engeln Unterstützung erfahren zu haben.

Robert und Angelika M. aus Deutschland hatten Ingrid Auer ein Jahr bevor sie gemeinsam eine Praxis und Seminarräume einrichteten, persönlich kennengelernt. Sie berichten, dass sie mit Engelsymbolen sehr erfolgreich arbeiten. Ein Beispiel dazu:

Eine Klientin, Mitte dreißig, verheiratet, mit zwei kleinen Kindern, erkrankte an Hirnhautentzündung, die nicht rechtzeitig erkannt worden war. Sie erlitt dann noch einen Schlaganfall, fiel ins Koma und erblindete. Als sie ihr Bewusstsein wiedererlangte, reagierte sie teilnahmslos, gefühllos und apathisch. Ihr Ehemann berichtete, dass seine Frau in erster Ehe ihren Mann durch Krebs verloren hatte. Ihre damalige Schwiegermutter, eine Sizilianerin, die vergeblich versucht hatte, ihren Sohn nach Italien zu holen, um ihn selbst zu pflegen, hatte die Klientin „verflucht", als der Mann verstarb. „Du sollst nicht mehr gehen und nicht mehr sehen können", so lautete die Verwünschung.

Angelika machte mit der Klientin gemeinsam die Meditation von „Erzengel Michael", um die energetische Verbindung des Fluches zu durchtrennen. Allabendlich richtete sie auch ein entsprechendes Gebet an den Erzengel.

Bereits bei ihrem zweiten Besuch stellte Angelika fest, dass es ihrer Klientin besser ging. Wochenlang arbeitete sie nun weiter und bezog in ihre gemeinsamen Meditationen auch die anderen Erzengel mit ein. Mit den Engel-Aura-Essenzen reinigte sie zusätzlich Aura und Chakren der Klientin, da diese jahrelang sehr viele Medikamente eingenommen hatte. Im Laufe der Zeit konnte die Frau allmählich selbst schon Engelsymbol-Karten ziehen, um zu ermitteln, welche Meditationen besonders hilfreich sein würden. Heute kann die Klientin fast ohne Hilfe wieder gehen und sogar Treppen steigen. Die hormonelle Situation hat sich normalisiert, und glücklicherweise kann sie wieder sehen! Ihr Augenarzt hat dafür keine Erklärung und spricht von einem Wunder. Angelika und ihre Klientin sind darüber sehr froh und glücklich.

Sylvia R. aus Österreich schrieb über eine eigene Erfahrung und eine Begebenheit mit ihrer Cousine:

Sie selbst musste sich einer Kieferoperation unterziehen, hatte Angst vor dem Eingriff und vor der notwendigen Narkose. In der Zeit davor hatte sie sich, wie sie schrieb, fleißig mit dem von Ingrid Auer empfohlenen Engel-Kombi-Öl No. 32 „Sorihael" einmassiert. Sowohl die Operation als auch die damit verbundene Narkose überstand sie ausgezeichnet. Der Eingriff dauerte fünf Stunden, doch als Sylvia aus der Narkose erwachte, war sie binnen einer halben Stunde nicht nur wieder bei klarem Bewusstsein, sondern sogar bei gutem Appetit und verspeiste gleich eine Portion Joghurt zur Verwunderung des Pflegepersonals. Nach einer Woche durfte sie nach Hause und erholte sich sehr gut. Es kam auch zu keiner Narbenbildung.

Dazu noch eine Ergänzung: Sylvia verwendete auch unmittelbar nach der Operation weiterhin das empfohlene Engel-Kombi-Öl No.

32 „Sorihael". Bei der Nachuntersuchung erlebte sie eine Schrecksekunde. Am Röntgenbild fanden die Ärzte einen verdächtigen Schatten und fürchteten, dass sich das transplantierte Knochenstück vom Kieferknochen ablösen könnte. Die anschließende Computer-Tomographie ergab jedoch keinen negativen Befund: Alles schien perfekt. Sylvia vermutet, dass das Engel-Kombi-Öl einen Schutz gegen die Röntgenstrahlungen bewirkt haben könnte. Jedenfalls gilt sie heute als geheilt.

Als Sylvias Cousine im achten Monat schwanger war, begab sie sich wegen Blutungen in Spitalsbehandlung. Sylvia legte auf ihren Wunsch hin einen Schutzkreis mit Engelsymbol-Karten für die Cousine. Zum Erstaunen der behandelnden Ärzte verschwanden die Blutungen sofort. Als sie einige Zeit später den Gynäkologen zur Untersuchung aufsuchte, meinte er, ihr Kind habe sich so ungünstig im Leib gedreht, dass ein Kaiserschnitt erforderlich sein würde.

Dieselbe Situation hatte sich schon einmal vor zwei Jahren bei ihrer ersten Entbindung so ergeben. Auch damals hatte Sylvia einen Engelsymbol-Schutzkreis für die Cousine gelegt, woraufhin sich das Kind gedreht hatte und die Geburt schließlich sehr rasch und völlig komplikationsfrei verlaufen war. Sylvia hatte das Engel-Kombi-Öl No. 18 „Vaniel" zur Selbstmassage empfohlen. Auch die zweite Entbindung verlief dann ohne Probleme für Mutter und Kind.

Irene S. aus der Schweiz ist in einer Seniorenresidenz tätig. Aus ihrem Umgang mit Engelsymbolen, speziell in Zusammenhang mit der Wirkung der Engelsymbol-Schutzkreise, berichtete sie von zwei konkreten Fällen:

Es war schon sehr ungewöhnlich, dass eine Frau erst nach ihrem 100. Geburtstag in das Heim aufgenommen wurde.

Obwohl sie für ihr hohes Alter noch sehr rüstig und selbständig war, schaffte sie es nicht, sich einzugewöhnen. Sie wurde von Tag zu Tag schwächer, verwirrter und desorientierter und fing an, des Nachts und später auch tagsüber laut um Hilfe zu rufen. Manchmal ging das stundenlang so dahin, auch wenn sie immer wieder von den Betreuern besucht, beruhigt und gut versorgt wurde. Irene beschloss, einen Schutzkreis für sie zu legen und zog folgende Engelsymbol-Karten:

No. 49 „Erzengel Metatron", No. 27 „Engel für Tod und Wiedergeburt", No. 38 „Engel für Karmaerlösung", No. 47 „Erzengel Uriel", No. 48 „Erzengel Zadkiel", No. 20 „Engel für Liebe und Beziehungen", No. 24 „Engel für wiederkehrende Gedanken und Lösungen", No. 6 „Engel für Veränderung und Verwandlung".

Ab der ersten Nacht, in der der Schutzkreis gebildet wurde, konnte die alte Frau wieder entspannt durchschlafen. An den folgenden Tagen wirkte sie sichtlich ruhiger und gelöster.
Eine Woche danach zog Irene noch eine Karte für sie: No. 03 „Engel für Ruhe und Leichtigkeit" und stellte eine Kerze daneben auf. Einen Tag später, Irene hatte gerade Dienst, verstarb die alte Frau ruhig und friedlich.

Der zweite Fall: Eine 84jährige Frau wohnte schon seit einiger Zeit im Altenheim, weil sie sich schwach und deprimiert fühlte. Im selben Maß, in dem sie immer schwächer wurde, nahm ihre depressive Grundstimmung zu. Mehrmals stürzte sie zu Boden, glücklicherweise ohne sich dabei zu verletzen. Sie äußerte sich oftmals, gerne sterben zu wollen, verzichtete aber trotzdem nicht auf die Einnahme ihrer Medikamente. Sie wollte, wie sie sagte, am liebsten „auf Knopfdruck" gehen.

Irene, voller Mitgefühl für den bedauernswerten Zustand der alten Frau, legte auch für sie einen Symbolkarten-Schutzkreis mit folgenden Karten: No. 48 „Erzengel Zadkiel", No. 25 „Engel für spirituelle Kraft und Umsetzung", No. 22 „Engel für Konsequenz und Ordnung", No. 8 „Engel für Richtung und Ziel", No. 46 „Erzengel Raphael", No. 3 „Engel für Ruhe und Leichtigkeit", No. 47 „Erzengel Uriel", No. 14 „Engel für Liebe und Bedingungslosigkeit".

Aufgrund ihrer schlechten Verfassung wurde die Frau ein paar Tage später ins Krankenhaus überstellt, wo sie aber dann doch keine besondere Behandlung erhielt. Auch die Medikation blieb die gleiche wie vorher. Nach einer Woche kehrte sie wieder zurück ins Heim und reagierte immer noch gereizt, empfindlich und voller Selbstmitleid.

Doch im Laufe des folgenden Monats war eine deutliche Besserung ihres Zustandes zu bemerken. Sie wurde kräftiger, zeigte wieder mehr Interesse an ihrer Umgebung und gewann an Selbständigkeit. Sie lebte zufrieden weiter und der Tod und das Sterben waren nur noch selten ein Thema für sie.

Irene B. hat folgenden Bericht über ein Erlebnis mit Engelsymbol-Karten übermittelt:

Ihre kleine Tochter bekam eines Nachts besonders starke Schmerzen im Unterbauch. Das war schon ein paarmal vorgekommen und das letzte Mal hatte sie der Rettungswagen ins Spital gebracht, aber die Untersuchungen ergaben keine konkreten Ergebnisse. Diesmal wollte es Irene mit der Hilfe der Engel versuchen. Sie legte das Mädchen auf die Symbolkarte von "Erzengel Raphael" und gab ihr zusätzlich das Symbol von "Erzengel Michael" in die Hand. Gleich darauf ließen die Schmerzen nach und es war keine weitere Behandlung mehr erforderlich.

Cäcilia F. aus der Schweiz schilderte aus ihrer Praxis zwei Probleme, die schließlich auf einfache Art und Weise gelöst werden konnten. Cäcilia macht hauptsächlich Energiearbeit und Fußreflexzonenmassagen. Seit sie die Hilfsmittel der Engel kennt, bietet sie stets ihren KlientInnen an, eine Engelsymbol-Karte für die konkrete Behandlung zu ziehen.

Einmal erschien eine Frau in ihrer Praxis und beklagte sich über einen besonders stark eingewachsenen Zehennagel. Cäcilia wusste zunächst nicht, was sie tun sollte. Schließlich folgte sie einer Eingebung und beträufelte die Zehe mit der Engel-Kombi-Essenz No. 01 „Loriel". Die Zehe war daraufhin wie durch ein Wunder so schmerzunempfindlich, dass Cäcilia den eingewachsenen Zehennagel ohne Probleme behandeln konnte.

Cäcilias zweiter Bericht betraf ein Kindergartenkind, das unmittelbar vor der Einschulung stand und noch immer Bettnässer war. Sie gab der Mutter das Engel-Kombi-Öl No. 03 „Hariel" und riet ihr, sie möge einige Monate hindurch an jedem Abend einige Tropfen auf Fußsohlen und Solarplexus des Kindes auftragen. Nach zwei Monaten war das unangenehme Nässen tatsächlich vorbei.

Christine K. ist Kindergärtnerin. Als ihre Tochter zur Welt kam, litt die Kleine wiederholt unter Bauchschmerzen, wachte immer wieder auf und konnte dann nur schwer wieder einschlafen. Ingrid Auer, bei der Christine ein Seminar besuchte, riet ihr zu einem Engel-Kombi-Öl, mit dem sie ihrer Tochter durch sechs Wochen hindurch den Bauch sanft einmassieren sollte. Mit der Engel-Aura-Essenz „Norael" besprühte sie die Aura ihres Kindes am Abend vor dem Schlafengehen. Es stellte sich eine deutliche Verbesserung ein, das Kind schlief wieder gut. Seit einiger Zeit sucht sich die Kleine nun schon selbst ganz spontan Engel-Aura-Essenzen und Kinder-Engelsymbole aus, bevor sie zu Bett geht.

Manchmal lebt das Mädchen ihre Aggressionen aus, schreit, zwickt und kratzt. Da hilft oft nicht nur die Engel-Aura-Essenz „Norael", sondern zusätzlich das Legen von Schutzkreisen mit Engelsymbol-Karten. Und wenn Christine manchmal Spannungen zwischen sich und ihrem Ehemann spürt, legt sie ein Kinder-Engelsymbol auf eine Übertragungskarte[6] und versprüht die Engel-Aura Essenz „Erzengel Chamuel" im Raum. Das wirkt!

Nach ihrer Babypause hat Christine die Arbeit im Kindergarten wieder aufgenommen. Vorweg hat sie Engelsymbol-Schutzkreise für die Kolleginnen, die Vorgesetzte, für Kinder und Eltern, aber auch für die Räumlichkeiten gelegt. Das scheint geholfen zu haben.
Die Atmosphäre ist gereinigt und entspannter als früher. Auch die Energiearbeit wird von den Mitarbeiterinnen mehr und mehr akzeptiert. Christine versorgte ihre Vorgesetzte vor einer Besprechung bei der Behörde mit Engelsymbol-Karten und einer Engel-Aura-Essenz. Nach dem guten Verlauf des Gesprächs bestätigte ihr die Leiterin, besonders ruhig und gelassen in die Diskussion gegangen zu sein und sich voll Energie gefühlt zu haben.

Claudia V. aus den Niederlanden freute sich über die Zusendung der gewünschten Meditations-CD mit Erzengel Gabriel und sandte uns einen erstaunlichen Bericht:

Anlässlich einer Untersuchung im Krankenhaus wurde bei ihrem Stiefvater ein Tumor an einer Niere festgestellt. Im Zuge der erforderlichen Operation musste eine Niere entfernt werden. Dabei traten schwere Magenblutungen auf, die nicht gestillt werden konnten. Die Situation ver-

[6] Siehe Glossar

schlechterte sich dramatisch und die Angehörigen wurden ersucht, sich auf das Schlimmste einzustellen.

Claudia bat in ihrer Verzweiflung die Erzengel Gabriel, Raphael und Uriel um Hilfe und versprühte im Krankenzimmer deren Engel-Aura-Essenzen. Inzwischen sprach der behandelnde Arzt mit den anderen Familienangehörigen, um sie auf das nahe Ende des Patienten vorzubereiten. Dann ging er, um noch einen letzten Versuch, eine Notoperation, durchzuführen. Nach einigen Stunden kam er zurück und berichtete den Wartenden, dass Claudias Stiefvater den Eingriff überstanden hatte und die Blutungen doch noch gestoppt werden konnten.

Nun kam der Patient für einige Tage auf die Intensivstation. Claudia besuchte ihn täglich und arbeitete mit den drei genannten Essenzen. Der vorbeikommende Anästhesist duldete das und meinte, dass in dieser Situation alles nützen und nichts schaden könnte. In diesen Tagen, so behauptet Claudia, habe sie selbst zweimal die Erscheinung eines Engels am Bett ihres Stiefvaters gesehen.

Nach einiger Zeit besserte sich der Zustand des Stiefvaters allmählich und er wurde mit 12 Kilogramm Gewichtsverlust, aber in gutem Allgemeinzustand aus dem Spital entlassen.

Ein Wort danach

Als mich im Oktober 1998 die Botschaft der Engel erreichte, Engelsymbole aus der Geistigen Welt zu empfangen und sie den Menschen nahe zu bringen, war mir die Bedeutsamkeit dieser Botschaft nicht einmal ansatzweise bewusst.

Wenn ich jetzt - knapp zehn Jahre später - die mir vorliegenden Interviews und Erfahrungsberichte durchlese, bin ich dankbar und sprachlos zugleich. Sie geben einen Ausschnitt dessen, was mir Freunde, Bekannte, Therapeuten, Ärzte, Heilpraktiker, Energetiker sowie weitere zahlreiche Anwender im Laufe der Jahre immer wieder über die Wirksamkeit und Einsatzmöglichkeiten dieser Hilfsmittel mitgeteilt haben.

Da ich die Symbole und Essenzen „ohne Gebrauchsanleitung" empfangen hatte, kristallisierten sich erst durch den täglichen Einsatz in der Praxis - verstärkt durch die große Experimentierfreudigkeit einiger Anwender - verschiedene sehr effiziente und alltagstaugliche Anwendungsmethoden heraus, die Sie in den Beiträgen nachlesen konnten.

Das Schöne an der Arbeit mit den Symbolen, Essenzen und Ölen ist, dass man sie ganz intuitiv und ohne zwingende Gebrauchsanweisungen verwenden kann. Dabei gibt es keine Regeln, nur ein paar Tipps, die man beachten sollte. Die Engelmittel verstärken auch die Wirksamkeit vieler herkömmlicher alternativer „Behandlungsmethoden" und erleichtern deshalb vielen Menschen die tägliche Arbeit in ihrer Praxis oder in ihrem Behandlungsraum.

Besonders gerne „arbeiten" Kinder mit den Symbolen und den

Engel-Aura-Essenzen. Sie spüren ganz genau, welche Energien ihnen fehlen oder welcher Engel sie in der augenblicklichen Situation gut unterstützen kann. Oftmals verblüffen sie ihre Eltern damit, dass sie für diese Symbolkarten aussuchen, die ganz exakt auf die Befindlichkeit der Erwachsenen zutreffen. Beim Nachlesen im dazugehörenden Buch wird den Eltern dann ihr Thema, ihre Blockade - aufgezeigt durch das Symbol - ganz deutlich vor Augen geführt.

Schwerpunktmäßig lassen sich die Anwendungsgebiete der Engelsymbole und der sich daraus ableitenden Essenzen und Öle in drei große Bereiche gliedern:

)(Persönlichkeitsentwicklung und Lebenshilfe (Engelsymbole 1 - 49)
)(Körper-Energiearbeit (Engel-Kombi-Symbole)
)(Spirituelle Entwicklung und Aufstiegsprozess (Engel-Transformationssymbole sowie Meister- und Erzengelsymbole)

In diesem Buch liegt der Schwerpunkt der Berichte naturgemäß im Bereich der Körper-Energiearbeit, da die sichtbaren Erfolge am einfachsten und deutlichsten auf der Körperebene nachzuweisen sind. Seelische, mentale, energetische, biochemische oder karmische Blockaden oder Schwächen werden aber mindestens ebenso erfolgreich mit den Hilfen aus der Engelwelt „behandelt". Sie lassen sich aber schwerer nachweisen, da solche Veränderungen und Erfolge meist oft nur sehr subjektiv wahrzunehmen sind.

Falls Sie sich wundern, dass in den Erfahrungsberichten über die Anwendung der Transformationssymbole oder Meisteressenzen noch wenig oder gar nichts zu lesen ist, gibt es dafür eine einfache Erklärung. Diese Energien sind noch relativ „neu" und erst wenige Menschen konnten sie zum jetzigen Zeitpunkt in ihren Alltag oder in ihre energetische Arbeit miteinbeziehen.

Wenn Symbole, Essenzen oder Öle einmal keine Wirkung zeigen, dann kann es dafür mehrere Ursachen geben:

)(Manchmal ist der Anwender bewusst oder unbewusst nicht wirklich bereit, sich auf einen Veränderungsprozess einzulassen und blockiert damit die Engelenergien.
)(Ein Lernprozess - beispielsweise könnte das eine Krankheit sein - muss durchlebt und erfahren werden, damit der Betroffene in seinem Leben die notwendigen Korrekturen und Veränderungen vornehmen kann. Das darf ihm nicht durch die Hilfe der Engel „abgenommen" werden.
)(Die Auswahl der Engelmittel erfolgte nicht richtig. Das kann bedeuten, dass nicht die wirklich wichtige Thematik erkannt und bearbeitet wird, sondern nur ein Randproblem.
)(Die „Bearbeitung" eines Problems bedarf einer bestimmten Zeitspanne, aber der Klient ist ungeduldig und bricht die Anwendung der Engelmittel vorzeitig ab.
)(Oder: Die Seele eines Menschen entscheidet sich, die Engelenergien nicht anzunehmen. Dies geschieht natürlich auf einer höheren Ebene, wird von der Geistigen Welt respektiert und kann vom Bewusstsein eines Menschen nicht beeinflusst werden.

Damit es zu keinen Missverständnissen oder falschen Erwartungen kommt, ist es äußerst wichtig, die Wirksamkeit der Engelhilfen zu verstehen. Die im Buch beschriebenen Engelmittel sind keine „Zaubermittel", sondern Hilfen zur Selbsthilfe, zur selbstverantwortlichen Weiterentwicklung der eigenen Persönlichkeit und zum Voranschreiten auf dem individuellen, spirituellen Entwicklungsweg. Sie sind auch kein Ersatz für Medikamente, für therapeutische oder medizinische Behandlungen, auch nicht für Nahrungsergänzungsmittel. Engelessenzen und Öle enthalten weder die

Energie von Blüten, Kräutern, Steinen oder Farben, sondern reine kosmische Energien, die uns von der Geistigen Welt zur Verfügung gestellt werden.

Es gibt keine technischen oder wissenschaftlichen Geräte, die die Wirksamkeit der Engelmittel auch nur annähernd vollständig aufzeigen oder nachweisen könnten. Die Engelwelt „spricht" von etwa 15 % der Gesamtwirkung, die wir derzeit auf der irdischen Ebene mit unserem menschlichen Verstand begreifen und mit Geräten nachvollziehen können. Wenn man bedenkt, dass die von der Engelwelt zur Verfügung gestellten Energien aus der vierten, fünften, sechsten Dimension und darüber hinaus zu uns kommen, ist es klar, dass wir Menschen, die wir in der dritten Dimension leben, nur einen sehr begrenzten Teil dieser Energien realisieren können.

Als ich einst meinen Engelauftrag übermittelt bekam, enthielt er die wichtige Information, dass „ ... eines Tages die Bücher und die Essenzen um die ganze Welt gehen werden ... " . Diese Botschaft nahm ich anfangs nicht sehr ernst und verdrängte bzw. vergaß sie über all die Jahre hinweg. Vor einiger Zeit jedoch erreichte mich aus der Geistigen Welt erneut die Aufforderung, noch mehr an die Öffentlichkeit zu gehen und dabei weitere Landesgrenzen zu überschreiten. Die Engelhilfen sollen dabei nicht nur einem kleinen Kreis von „Insidern" nahe gebracht werden, sondern auch dem „Mann auf der Straße", der mit Engeln oder Aufgestiegenen Meistern überhaupt noch nichts anzufangen weiß. Es gehe nicht darum, jemanden auszugrenzen, nur weil er sich spirituell noch nicht geöffnet habe, sondern die Hilfen aus der Geistigen Welt wirklich jedermann anzubieten.

Dies erfordert manchmal viel Mut, denn nicht immer wird spirituelle Arbeit als das betrachtet, was sie wirklich ist. Um meinem Auftrag in vollem Umfang nachkommen zu können, braucht es viele Menschen, die mir bei der Durchführung und Umsetzung der

Engelaufträge helfen. So kann ich immer wieder dankbar beobachten, dass mir jedesmal, wenn ein weiterer großer Schritt ansteht, auch die entsprechenden Menschen von den Engeln an die Seite gestellt werden.

„Das Wesentliche ist für die Augen unsichtbar", sagte schon der Kleine Prinz im Werk von Antoine de Saint-Exupéry. Dem ist eigentlich nichts mehr hinzuzufügen.

Viel Dankbarkeit und Freude beim Experimentieren und „Spielen" mit den neuen Engelenergien wünscht von Herzen

Ingrid Auer

Glossar

„Heilende Engelsymbole 1 - 49"

Dieses Buch ist das Basiswerk und gleichzeitig der Einstieg in die Welt der Engelsymbole von Ingrid Auer. Es kann dem Leser eine Unterstützung und Hilfe für seine persönliche Entwicklung bzw. für die Bewältigung von Alltagsproblemen sein und ermöglicht ihm einen natürlichen, unbefangenen Zugang zur Engelwelt. Auch Menschen in Gesundheitsberufen haben den Wert dieses Buches schon erkannt. Die beigelegten Symbolkarten sind von der Engelwelt energetisiert und können sogar für Schutzkreise und Cutting-Kreise sowie für die Energieanhebung von Wasser, Nahrungsmitteln, Steinen usw. eingesetzt werden.

Engelsymbole

Diese Symbole unterstützen den Zugang zur Geistigen Welt und können helfen, Blockaden im feinstofflichen Körper zu lösen, Chakren zu energetisieren und zu aktivieren. Sie erhöhen die körpereigene feinstoffliche Energiefrequenz und löschen belastende Energien aus Aura, Chakren sowie dem morphogenetischen Feld und aktivieren den Lichtkörper. Darüber hinaus unterstützen und begleiten sie im Transformationsprozess.

Engelsymbole werden über Ingrid Auer von der Engelwelt energetisiert, sind energetisch geschützt und versiegelt und können daher keine Fremdenergien annehmen. Die Originalsymbole werden in Handarbeit aus Transparentfolie hergestellt; es gibt alle Symbole aber auch aus Karton, die zwar den verschiedenen Büchern von In-

grid Auer beigelegt aber auch separat erhältlich sind. Weiters sind die „Symbolkarten 1 - 49" auch in Herzform erhältlich.

Engelessenzen

Engelessenzen enthalten dieselben feinstofflichen Energien wie die Engelsymbole und bestehen aus einem Alkohol-Wasser-Gemisch. Sie sind - wie die Engelsymbole - energetisch versiegelt, weshalb sie gleichzeitig auch von mehreren Menschen verwendet werden können. Die Anwendung erfolgt durch ein Auftropfen auf verschiedene Körperstellen, wie z. B. Mundschleimhaut, Chakren, Nabel, Puls, etc. oder durch ein Beimengen von wenigen Tropfen ins Badewasser oder in Duftlämpchen. Engelessenzen sind keine Heilmittel im medizinischen Sinne, sondern energetische Hilfsmittel für den feinstofflichen Körper und die Aura.

Engel-Aura-Essenzen

Die Engel-Aura-Essenzen enthalten neben Alkohol und Wasser noch reine, ätherische Öle. Diese Essenzen werden zwar von vielen Anwendern „Engel-Sprays" genannt, sind aber in erster Linie zur Energetisierung von Aura und Chakren gedacht. Dass sie auch zur Energetisierung oder Reinigung von Grundstücken, Räumen, Kleidung, Steinen und Kristallen etc. verwendet werden können, erweitert ihren Einsatzbereich.

Persönliche Symbole

Diese Symbole werden aus der Engelwelt für jeden Menschen, der dies wünscht, an Ingrid Auer durchgegeben, individuell von Hand gefertigt und unter Aufsicht des Höheren Selbst des jeweiligen

Menschen von der Engelwelt energetisiert. Für die Anfertigung werden nur Name und Geburtsdatum der entsprechenden Person benötigt. Auf Wunsch werden die Persönlichen Symbole auch als Schmuckanhänger gefertigt und energetisiert.

Engel-Kombi-Symbole

Engel-Kombi-Symbole-Sets enthalten jeweils 7 bis 15 Symbole, die zu einem bestimmten Anwendungsbereich zusammengefasst sind, und werden sowohl in Handarbeit aus Transparentfolie angefertigt als auch aus Karton. Engel-Kombi-Symbole lassen sich sehr gut für Schutzkreise und Cutting-Kreise verwenden, aber auch mit allen Arten von Körper-Energiearbeit wie Massage, Kinesiologie, der Grinberg Methode, Rebirthing, Cranio Fluid Dynamics, Fußreflexzonenmassage usw. kombinieren. Anwender berichten, dass dadurch energetische Sitzungen einfacher und effizienter ablaufen, da die Engel-Kombi-Symbole Blockaden im feinstofflichen Körper lösen, Reinigungsprozesse unterstützen, Chakren, Aura und Meridiane energetisieren, karmische Blockaden transformieren oder Fremdenergien entfernen.

Engel-Kombi-Öle und Engel-Kombi-Essenzen

Diese Öle und Essenzen enthalten dieselben Energien wie die Engel-Kombi-Symbole und sind ebenso energetisch versiegelt. Engel-Kombi-Öle werden auf bestimmte Körperzonen, Meridiane, Fußreflexzonen oder Chakren aufgetragen und sanft einmassiert, die Engel-Kombi-Essenzen werden wie die Engelessenzen 1 - 49 verwendet. Besonders gerne werden diese Öle auch für Körper-Energiearbeit, Massagen, Babymassagen sowie für die Bereiche Schwangerschaft, Geburt, Kleinkindzeit aber auch in der Kranken- und Sterbebegleitung verwendet.

Engelsymbole für Kinder

Diese Engelsymbole wurden sowohl für Kinder als auch für die Arbeit mit dem Inneren Kind geschaffen. Sie zeigen bewusste oder unbewusste Probleme aus Gegenwart oder Vergangenheit auf und helfen, diese zu klären. Sie bieten energetische Begleitung und Schutz für den Alltag. Gleichzeitig unterstützen und verstärken sie die Verbindung zur Engelwelt. Diese Symbole gibt es auf Bestellung auch handgefertigt aus Transparentfolie bzw. in Form von Herzkarten.

Transformationssymbole

Es gibt 21 spezielle, energetisierte Engelsymbole, die besondere Hilfe und Unterstützung im persönlichen und energetischen Transformationsprozess bieten. Die Transformationssymbole weisen oft auf tief sitzende, meist unentdeckte Blockaden und Verhaltensmuster hin. Gleichzeitig wirken sie sehr stark im spirituellen Bewusstwerdungsprozess. Die Symbole lassen sich besonders gut mit den Engelsymbolen 1 - 49, den Engel-Kombi-Symbolen, den Engelsymbolen für Kinder wie auch mit den Meister- und Erzengelsymbolen kombinieren. Auch sie werden, wie alle übrigen Engelsymbole über Ingrid Auer von der Engelwelt energetisiert und versiegelt. Zu den Symbolen gibt es auch entsprechende Engel-Transformationsessenzen.

Meister- und Erzengelsymbole

In diesem Buch gibt es noch kaum Erfahrungsberichte über Meister-Symbole. Sie werden besonders für die eigene spirituelle Entwicklung, für den Weg in die persönliche Meisterschaft sowie für die Unterstützung des weltweit umspannenden Transformations-

prozesses herangezogen. Sie stehen in engem Zusammenhang mit den Engel-Transformationssymbolen. Zu einigen Symbolen gibt es entsprechende Meister-Aura-Essenzen bzw. Erzengel-Aura-Essenzen, sie sind aber auch besonders wirkungsvoll in Kombination mit den Engel-Transformationssymbolen bzw. Transformationsessenzen.

Engelsymbol-Schutzkreise und Cuttingkreise

Mit Hilfe verschiedener Engelsymbole kann man Schutz- und Cuttingkreise legen, die eine energetische Begleitung, Stabilisierung oder Veränderung einer bestimmten Person oder Situation - hervorgerufen und unterstützt durch die Geistige Welt - bewirken können. Praktische Tipps und Anleitungen für diese Symbolkreise sind im Buch „Praxishandbuch der Engelsymbole und Engel-Kombi-Symbole" von Ingrid Auer nachzulesen.

Übertragungskarte

Die Übertragungskarte dient der energetischen Fernübertragung von Engelenergien, die in den Engelsymbolen und Engelessenzen enthalten sind. Sie finden sie in einigen Büchern von Ingrid Auer abgedruckt. Auf der Homepage www.engelsymbole.at steht sie zum kostenlosen Download zur Verfügung.

Ampullen für Bioenergetiker

Diese Ampullen werden verschiedentlich verwendet: Im Orgonstrahler, für die energetische Übertragung der Engelenergien, in Biofeedbackgeräten oder direkt am Körper während einer körpertherapeutischen Behandlung. Es gibt Ampullen zu allen oben beschriebenen Engel- und Meistersymbolen. Auch für das Entstören von Wasseradern und energetischen Störfeldern haben sich die Ampullen sehr bewährt (siehe Beitrag von Lutz M., Seite 37).

Engel-Probeöle

Zum Kennenlernen einiger wichtiger Engel-Kombi-Öle für Schwangerschaft, Geburt und die Zeit danach sowie speziell für die Tätigkeit von Masseuren wurden von Ingrid Auer eigene Probeöle-Sets zusammengestellt.

Energetisierter Engelsymbol-Schmuck und Engelschmuck

Jedes Engelsymbol kann man als Schmuckstück direkt am Körper tragen, beispielsweise als Anhänger oder als Ohrringe. Die Schmuckstücke aus Sterlingsilber oder Gold sind sorgfältig gearbeitete Einzelanfertigungen aus Künstlerhand. Alle Schmuckstücke werden über Ingrid Auer von der Engelwelt energetisiert. Infos unter office.wien@engelsymbole.at.

Meditations-CDs

Im Lichtpunkt-Records-Studio von Andy Eicher und Wolfgang Tejral (www.lichtpunkt.at) wird hoch energetische Meditationsmusik komponiert und aufgenommen. Die CDs gibt es sowohl mit Meditationstexten von Ingrid Auer als auch als reine Musikaufnahmen. Es gibt auch ein Hörbuch mit Kinder-Engel-Geschichten.

Kontaktadressen

Andreas Guhl: *www.influsss.de, a.guhl@influsss.de*, Praxis für Physiotherapie, Osteopathie und Körpergewahrsein, D - 22767 Hamburg, Schleestraße 4, *t +49 (0) 40 38 690 10*
Artur Kahlhofer: A - 1010 Wien, Opernring 1 / Stiege R, *t +43 (0) 676 / 93 626 77*
Astrid Büeler: *info@lichtwellen.ch*, Lichtwellen - Praxis, CH - 6045 Meggen, Hauptstraße 11, *t +41 (0) 41 / 37 736 61*
Brigitte Heynen: *courage@brigitte-heynen.at , www.brigitte-heynen.at*, CH - 4051 Basel, Austraße 30, *t +41 (0) 61 / 27 122 70*
Daniela Hutter: *willkommen@energien-der-neuen-zeit.at, www.energien-der-neuen-zeit.at*, A - 6380 St. Johann i. Tirol, Birkenstraße 5, *t +43 (0) 664 / 46 031 26*
Eva Maria Stern: *eva_maria.stern@chello.at*, *t +43 (0) 664 / 45 128 09*
Hans-Peter Brors: *hpbrors@web.de*
Lutz Mück: *lutz.mueck@gmx.at, www.prana-ried.at*, A - 4910 Ried im Innkreis, Johannesgasse 18, *t +43 (0) 699 / 19 232 114*
Marianne Widauer: A - 5700 Zell/See, Rosengasse 3, *t +43 (0) 6542 / 56 4 17*
Marita Koller: *marita.koller@gmx.ch*, *t +41 (0) 71 / 93 153 72*
Marlene Damblon: *www.engelsymbole.de*, D 52066 - Aachen, Benediktinerstraße 16, *t +49 (0) 241 / 476 60 852*
Ruth Oberholzer: CH - 9200 Gossau, Sonnenstraße 12a, *t +41 (0) 41 / 79 30 60 474 (zwischen 11 und 13 Uhr)*
Susanne Seger: *www.engelsymbole.at, susanne.seger@aon.at*, A - 7033 Pöttsching, Scheibengasse 8, *t +43 (0) 676 / 97 623 77*
Sylvia Kuroll: *www.engelaurora.at, office@engelaurora.at*, A - 5300 Hallwang, Reicherting 2, *t +43 (0) 699 / 15 11 80 81*
Verena Breitenmoser: Praxis für Ganzheitliche Therapie, CH - 9200 Gossau, St. Gallerstraße 149, *t +41 (0) 71 / 385 31 38, f +41 (0) 71 / 383 45 61*
Wolfgang Seiringer: *w.seiringer@tele2.at*, A - 2320 Schwechat/Rannersdorf, Stankagasse 13, *t +43 (0) 664 / 45 581 01*

Bezugsquellen

**Lichtpunkt & Ekonja-Verlag
Ingrid Auer GmbH**

Herstellung und Generalvertrieb
Wiener Straße 49
A-3300 Amstetten

t +43 (0) 664 / 48 00 676
f +43 (0) 7472 / 69 172
info@engelsymbole.at
www.engelsymbole.com
(Webshop in Vorbereitung)

Lichtpunkt Deutschland

Marlene Damblon
Benediktinerstraße 16
D-52066 Aachen

t +49 (0) 241 / 47 66 08 52
f +49 (0) 241 / 96 90 546
marlenedamblon@engelsymbole.de
www.engelsymbole.de
(Webshop in Vorbereitung)

Lichtpunkt Schweiz

Andrea Frosch
Obere Haldenstrasse 5
CH-8196 Wil / ZH

t +41 (0) 44 / 869 48 37
f +41 (0) 44 / 869 48 38
info@engelsymbole.ch
www.engelsymbole.ch
(Webshop in Vorbereitung)

Vertrieb Tschechien

Bc. Marketa Stejskalová
Drozdovice 1075/87
CZ-796 01 Prostejov

t +42 (0) 602 / 83 20 79
www.zemeandelu.cz
(dzt. noch begrenztes Sortiment)

Vertrieb Niederlande

Eddy und Helma Wiltvank-Broekman
Praktijk en Cursuscentrum Lichtkind Langeveen
SaMyJo Import/Export Corporation
Heidehof 4
NL-7679 WE Langeveen
(dzt. noch begrenztes Sortiment)

Vertrieb Kroatien

Manuela Luncer
Sveta Ana 30
HR-10430 Samobor

t +385 91 555 / 23 60
www.kontakt@light-love-healing.com
www.light-love-healing.com
(dzt. noch begrenztes Sortiment)

Vertrieb Mallorca

La Vida C.B.
Hildegard Leuze und Roswitha Skrtel
Ca/ Fetget 9 B
E-07560 Cala Millor

t +34 971 58 62 70
leuzehildegard@hotmail.com
(dzt. noch begrenztes Sortiment)

Vorträge, Workshops, Seminare

Österreich

Ingrid Auer - Vorträge und Ausbildungen, www.engelsymbole.at

Petra Hörmann - Vorträge und Seminare zu den Symbolen und Essenzen sowie zum Thema Sterbebegleitung, www.engelsymbole.at *und* www.celesta.at

Daniela Hutter - E-Mail-Workshops, Vorträge (auf Anfrage), www.energien-der-neuen-zeit.at

Artur Kahlhofer - Beratungsgespräche, Vorträge und Seminare für Masseure, Heilpraktiker, Energetiker, Alternativärzte etc., www.engelsymbole.at

Susanne Seger - Vorträge und Seminare zum Thema „Kinder der Neuen Zeit", www.engelsymbole.at

Deutschland
Infos bei Lichtpunkt Deutschland, www.engelsymbole.de

Schweiz
Infos bei Lichtpunkt Schweiz, www.engelsymbole.ch

Tschechien
Infos bei Marketa Stejskalová, www.zemeandelu.cz

Über die Autoren

Ingrid AUER

war bereits einige Jahre selbstständig als Kinesiologin tätig, als sie von der Engelwelt den Auftrag erhielt, Engelsymbole und Engelessenzen zu channeln, herzustellen und zu verbreiten. Als Vermittlerin zwischen der geistigen und der irdischen Welt gibt sie in Büchern, Vorträgen und Seminaren ihr Wissen und ihre Erfahrungen an interessierte Menschen weiter. Ingrid Auer gründete die Firma „LICHTPUNKT" sowie den „EKONJA-Verlag", um die Hilfsmittel der Engelwelt möglichst vielen Anwendern nahe zu bringen. Für die weitere Zukunft plant sie - dem Wunsch der Geistigen Welt folgend - im In- und Ausland LICHTPUNKT-Zentren aufzubauen, um Menschen bei körperlichen, seelischen und spirituellen Problemen beizustehen und ihnen zu helfen.

Gerd SCHWANK

hat sich nach dem Studium der Rechtswissenschaften einer wirtschaftlichen Berufslaufbahn zugewandt. Nach einigen Jahren in einer Großbank war er als Personalmanager zweier Industrieunternehmen und zuletzt als Geschäftsführer einer wirtschaftlichen Interessensvertretung tätig. Sein Denken war jahrzehntelang intellektuell ausgerichtet, weshalb er spirituellen Themen auch nichts abgewinnen konnte. Erst durch ein tragisches familiäres Ereignis öffnete er sich den „Dingen zwischen Himmel und Erde", die man weder wissenschaftlich noch logisch nachvollziehen kann.

HILFE FÜR KINDER IN ARMENIEN

www.gpeter.at

Der Reinerlös dieses Buches fließt in das ARMENIENPROJEKT von Prof. Günter Peter, der den Autoren persönlich bekannt ist.

Falls Sie dieses Projekt ebenfalls unterstützen möchten, finden Sie Infos dazu unter *www.gpeter.at*

- ~ *Ankauf von Medikamenten, Lebensmitteln und Geräten für das ÖKS*
- ~ *Weiterbildung für Mitarbeiter des Kinderspitals*
- ~ *Therapiearbeitsplätze für Straßenkinder im Haus der Hoffnung*
- ~ *Einrichtung einer Erste Hilfe-Station im Armenviertel Sheram*
- ~ *Ankauf von Lehr- und Unterrichtsbehelfen für Schulen*
- ~ *Bereitstellung von Frühstück für besonders bedürftige Schulkinder*
- ~ *Kleinkredite für Arbeits- und Ausbildungsplätze für Jugendliche*
- ~ *Psychologische Seminare für Mitarbeiter eines Waisenhauses*
- ~ *Medizinische Behandlung von Kindern aus Armenvierteln*
- ~ *Plastische Operationen für Waisenkinder mit Missbildungen*
- ~ *Punktuell auch materielle Unterstützung von einzelnen Familien*
- ~ *Gründung des „Zentrums der deutschen Sprache" im ÖKS*

„Armenienprojekt Prof. Günter Peter"
Kontonummer 0000-0040899
Sparkasse Scheibbs AG, BLZ 20257
BIC: SPSBAT21, IBAN: AT192025700000040899

Neuerscheinung Herbst 2008

www.ekonja-verlag.com

ekonjaᵛ

Ingrid Auer
**DIE SYMBOLE DER
MEISTER UND DER ERZENGEL**
49 Schlüssel für den Weg in die Meisterschaft

ISBN 978-3-902636-9-6

In diesem Buch werden die Aufgestiegenen Meister und die Erzengel in Kombination mit deren Symbolen unter einem neuen Aspekt den Menschen nahe gebracht.

Neuerscheinungen 2009

Gerd Schwank
UND MEIN ENGEL SPRACH
Spirituelle Erfahrungen eines Suchenden

ISBN 978-3-902636-13-3

Aus einem persönlich tragischen Ereignis, das die Lebensperspektiven des Autors in seinen Grundfesten erschütterte, fand er einen ganz ungewöhnlichen Zugang zur Spiritualität.

Diese gänzliche Neubearbeitung richtet sich nicht nur an Menschen in Heilberufen, sondern auch an private Anwender.

Ingrid Auer
ENGEL-KOMBI-SYMBOLE
Energetisierte Symbole für Alltag und Energiearbeit

ISBN 978-3-902636-15-7

Bereits erschienen

Daniela Hutter
DEN TAG MIT ENGELN BEGINNEN
Meditieren und Reflektieren mit den Engelsymbolen

ISBN 978-3-9502151-7-5

www.ekonja-verlag.com

ekonja^v

Auf der Grundlage der „Engelsymbole 1 - 49" sowie der „Engelsymbole für Kinder" hat Daniela Hutter ein einfach anzuwendendes Arbeitsbuch zusammengestellt.

Ingrid Auer
ENGELESSENZEN UND ENGELÖLE
Energien der Neuen Zeit

ISBN 978-3-89845-241-0
Verlag „Die Silberschnur"

Bereits erschienen

Ingrid Auer
HEILENDE ENGELSYMBOLE
49 Schlüssel zur Engelwelt

*ISBN 978-3-89845-007-2
Verlag „Die Silberschnur"*

Ingrid Auer
PRAXISHANDBUCH DER ENGELSYMBOLE
und Engel-Kombi-Symbole

*ISBN 978-3-89845-132-1
Verlag „Die Silberschnur"*

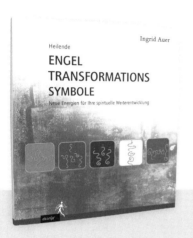

Ingrid Auer
ENGEL-TRANSFORMATIONSSYMBOLE
Neue Energien für Ihre spirituelle Weiterentwicklung

ISBN 978-3-9502151-0-6

www.ekonja-verlag.com

Ingrid Auer
ENGEL BEGLEITEN DURCH KRANKHEIT, TOD UND TRAUER
Praxishandbuch

ISBN 978-3-9502151-3-7

Ingrid Auer
ENGEL BEGLEITEN DURCH SCHWANGERSCHAFT, GEBURT UND DIE ZEIT DANACH
Praxishandbuch

ISBN 978-3-9502151-2-0

TAFEL 1

Aufnahmen mittels Biofeedbackgerät

Bilder zum Kapitel „Wenn Energien sichtbar werden", Seite 43

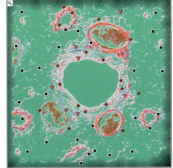
LUNGENGEWEBE vorher

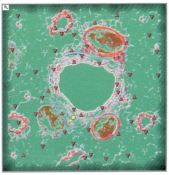
LUNGENGEWEBE nachher

Mann, 73 Jahre. Nach Energieübertragung der Engel-Transformationsessenz No. 21: Verbesserung +68,63 %

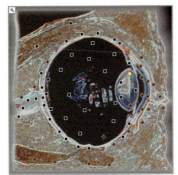
AUGAPFEL RECHTS vorher

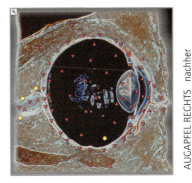
AUGAPFEL RECHTS nachher

Frau, 57 Jahre. Nach Energieübertragung der Engelessenz No. 41: Verbesserung +89,15 %

Die Abbildungen zeigen die Veränderungen des energetischen Zustandes zweier KlientInnen vor und nach dem Einschwingen der Engelessenzen (Verbesserung in %). Die dunklen grafischen Symbole weisen auf energetische Schwachstellen (Defizite) hin. Rechts daneben erkennt man an den hellen Symbolen die unmittelbare deutliche Verbesserung nach der Energieübertragung. Außerdem kann durch den Einsatz der Engelenergien die Anzahl der Behandlungen wesentlich verringert werden.

TAFEL 2 | Wie Engel wirken

Symbole

ENGELSYMBOL

KINDERSYMBOL

TRANSFORMATIONSSYMBOL

MEISTERSYMBOL

ENGEL-KOMBI-SYMBOL

PERSÖNLICHES SYMBOL

engel symbole®   MEISTER symbole®